LE BON CHOIX
POUR CUISINER

Les cuissons les plus saines
Les ustensiles les plus sûrs

DU MÊME AUTEUR

Cuisson et santé (avec Inès Birlouez), Alpen Editions, 2005

SUIVI ÉDITORIAL :

Elvire Sieprawski, Elodie Ther, Véronique Molénat, Caroline Sandrez

Conception graphique et réalisation : Catherine Julia (Montfrin)
Illustrations : Idée Graphic
Crédits photo : Fotolia, Getty Images, I. Rozenbaum & F. Cirou/PhotoAlto et ABE, Baeckeoffe, BEKA, Del-Beem, Cristel, De Buyer, Emile Henry, Ibérica/Boulanger, Le Creuset, SeB/Pixmania, Skeppshult, Tupperware, Vitaliseur de Marion, DR

ISBN : 978-2-916878-59-1
Dépôt légal : 4e trimestre 2010

Imprimé en France sur les presses de Jouve (53 101 Mayenne)
1er trimestre 2018

Achevé d'imprimer en France.

REMERCIEMENTS

Je tiens à remercier les sociétés : E-Dehillerin, Emile Henry, Le Creuset, Scandi-Vie (représentant de la marque Skeppshult en France), ABE (Ambiance Bien-Être), Del-BEEM, BEKA, Cristel, De Buyer, SeB, Staub, KNACK & KOUG et Coplan (vitaliseur de Marion) pour leur collaboration.

Merci à Eric Birlouez, auteur du livre *À la table des seigneurs, des moines et des paysans du Moyen Âge* paru aux éditions Ouest-France (2009), pour son aimable collaboration.

Juliette Pouyat

Sommaire

PARTIE 4
QUELS USTENSILES POUR CUISINER ?

Introduction

La cuisson c'est capital !

Aujourd'hui, l'alimentation est un facteur clé de notre santé et cette réalité n'est certainement pas étrangère à l'engouement de plus en plus fort pour une cuisine saine capable de nous maintenir en bonne santé pour de longues années.

●●● Le fait de choisir de manger bio, par exemple, en est une illustration parfaite. Les gens veulent être en forme longtemps et ont compris qu'ils avaient plus de chances d'y parvenir en se nourrissant bien. Si nous ne savons pas exactement comment notre alimentation est impliquée dans la survenue de certains cancers, il est toutefois possible de faire certaines recommandations dans ce domaine. Il est essentiel d'adopter une alimentation variée et équilibrée, afin d'éviter le surpoids et l'obésité, facteurs de risques dans l'apparition de certains cancers et des maladies cardio-vasculaires. S'il n'existe pas d'aliments à éviter absolument, certains doivent être consommés avec modération. Désormais, bien se nourrir n'est plus seulement synonyme d'un contrôle de l'apport calorique. C'est aussi chercher, d'une part, à apporter à son organisme les éléments « bons pour

Alimentation et cancer

Pour la communauté scientifique et médicale, il est difficile d'évaluer les conséquences alimentaires sur l'apparition de certains cancers. Il existe cependant deux certitudes : la consommation élevée de fruits et légumes réduit le risque de développer un cancer et les produits potentiellement toxiques que nous ingérons par le biais de notre alimentation ont un rôle mineur dans le développement des cancers par rapport au tabac ou à une consommation excessive d'alcool. Mais rien ne nous empêche d'éviter de les consommer !

la santé » – comme les vitamines antioxydantes – et d'autre part, à éviter les éléments « mauvais pour la santé » comme les graisses saturées par exemple.

Mais bien se nourrir c'est aussi bien cuisiner

Si le type d'aliment que nous consommons est important, la façon dont nous le cuisinons l'est presque encore davantage. En effet, la cuisson peut à la fois détruire un certain nombre de nutriments qui ont parfois un rôle protecteur mais elle peut également conduire à la fabrication de composés indésirables dont certains sont cancérigènes. Le choix du mode de cuisson est donc déterminant pour faire d'un aliment un allié santé... ou pas !

La qualité initiale de l'aliment peut être largement diminuée avec notre façon de cuisiner, soit parce que l'on diminue la qualité nutritionnelle des aliments en détruisant ou en altérant certains nutriments bénéfiques voire indispensables à l'organisme, soit parce que l'on produit

Légumes : plus bénéfiques crus que cuits

L'idée que les légumes crus protègent davantage contre le cancer que les légumes cuits est erronée car si la cuisson fait effectivement perdre des vitamines et minéraux, elle permet également à ces éléments d'être plus facilement assimilés par l'organisme.

des composés indésirables qui n'étaient pas présents initialement dans l'aliment et qui sont antinutritionnels voire toxiques. Le consommateur a tendance à faire plus attention à ses apports calorique et vitaminique ou au type de matières grasses qu'il consomme qu'au risque de formation de ces composés.

On comprend alors que cuisiner sainement, c'est veiller à un ensemble de choses qui permet de ne pas annihiler les propriétés protectrices des aliments et de limiter l'apparition des composés indésirables.

Les températures de cuisson, les méthodes de cuisson, les ustensiles (car les matériaux qui les constituent ne sont pas forcément inertes) utilisés sont autant de facteurs sur lesquels nous pouvons influer pour tendre vers notre objectif.

Dans ce livre, nous allons vous donner les clés de cette cuisine « santé », vous aider à faire *Le Bon Choix* en matière de cuisson des aliments et d'ustensiles à utiliser.

Un peu d'histoire...

Comment cuisinaient nos ancêtres ? L'homme est le seul animal qui cuit ses aliments avant de les ingérer. Mais pendant très longtemps, il a mangé cru.

●●● Pour se nourrir, les premiers représentants du genre Homo – apparus en Afrique il y a 2,5 millions d'années – se comportaient comme des prédateurs de la Nature : sur celle-ci, ils prélevaient directement des aliments « sauvages » qu'ils ont, pendant près de 2 millions d'années, consommés crus. À nos lointains ancêtres, omnivores depuis l'origine, la collecte des fruits et des baies, des légumes et des herbes, des tubercules et des racines procurait la part végétale de la ration alimentaire. Parallèlement, la capture des insectes, lézards ou petits rongeurs, puis le charognage et la chasse des gros gibiers fournissaient, avec la pêche, les protéines et lipides animaux. Ce « modèle alimentaire » – la consommation de plantes et d'animaux sauvages par des chasseurs-cueilleurs nomades – s'est maintenu pendant plus de 99,5 % de l'histoire humaine ! En effet, ce n'est qu'à une époque très récente à l'échelle de l'humanité – il y a moins de 10 000 ans – que les hommes préhistoriques ont commencé à consommer des aliments « agricoles », c'est-à-dire des nourritures qu'ils avaient eux-mêmes produites en semant des graines et en élevant des animaux.

Cette « révolution néolithique », qui a vu l'avènement de l'agriculture et de l'élevage, s'est accompagnée de profonds changements sur le plan alimentaire. Souvent majoritaire, la part de la viande dans la ration a peu à peu diminué au profit des **céréales cultivées**... dont la consommation a favorisé le développement des caries dentaires ! Parallèlement, la domestication des animaux a permis l'introduction d'un aliment qui, jusque-là, n'était consommé que par les jeunes enfants : le **lait**.

Cet « âge » agricole s'est étendu jusqu'au début du XIXe siècle. À cette date, les pays les plus développés sont alors entrés dans l'ère de l'aliment « agro-industriel ». Une nourriture abondante, variée et de moins en moins coûteuse est devenue accessible au plus grand nombre. Et l'usine, en se substituant à la cuisine, a soulagé les femmes des contraintes inhérentes à la préparation des repas.

Produites avec le concours de l'agrochimie (engrais, pesticides, produits vétérinaires...) et transformées par les industries alimentaires, les nourritures modernes sont bien différentes de celles que mangeaient nos ancêtres de la Préhistoire ou du Moyen Âge. Elles présentent des teneurs en sucres rapides, en matières grasses et en sel beaucoup plus élevées que les aliments d'autrefois (le steak de bison préhistorique ne contenait que 2 % de gras !). Elles renferment également conservateurs, colorants, exhausteurs de goût et autres additifs jadis totalement inconnus. À l'inverse, elles sont moins riches en fibres : nous consommons moins de légumes, de fruits et de légumes secs ; le pain et les autres produits céréaliers sont raffinés, c'est-à-dire débarrassés de leurs enveloppes riches en fibres et en micro-nutriments. Sur un autre plan, les procédés de fabrication mis en œuvre dans les usines, en particulier le chauffage des aliments en cours de fabrication, sont responsables de la perte de nutriments et de la formation de composés néfastes à la santé. Pour autant, les générations qui ont précédé la nôtre n'ont pas vécu un « âge d'or » alimentaire : disettes et famines, carences nutritionnelles, nourritures contaminées par des bactéries ou des parasites étaient monnaie courante ! Mais nos aliments contemporains ainsi que, parfois, la manière de les cuisiner peuvent aussi présenter des aspects défavorables à la santé : l'expansion spectaculaire de l'obésité, des maladies cardio-vasculaires, des cancers, du diabète de type 2, de l'ostéoporose, des maladies neurodégénératives... est là pour nous le rappeler.

← Aux origines de la cuisine, la cuisson... c'est-à-dire la maîtrise du feu

L'homme est le seul animal qui cuit ses aliments avant de les ingérer. Mais pendant très longtemps, il n'a mangé que des aliments crus. Pour cuire, et donc cuisiner, il lui a fallu apprendre à maîtriser le feu et à le reproduire à volonté... et cela ne s'est pas fait en un jour ! Le plus ancien foyer connu aménagé par les hommes pourrait dater de 790 000 ans. Sur un site localisé en Israël, des traces de feu, des silex brûlés, des graines et des bois carbonisés semblent en attester. Mais certains spécialistes pensent que ce feu pourrait avoir été déclenché accidentellement, sans intervention humaine. En revanche, tous s'accordent pour considérer qu'il y a environ 400 000 ou 500 000 ans, des foyers ont bien été allumés intentionnellement puis entretenus par nos ancêtres préhistoriques.

La maîtrise du feu a représenté une révolution extraordinaire. Lorsqu'il a été utilisé pour cuire la nourriture, le feu a généré des changements profonds et très bénéfiques. Les aliments cuits sont en effet plus aisément masticables et plus digestes. Certains deviennent consommables alors que, crus, ils étaient toxiques. La cuisson produit par ailleurs de nouvelles saveurs et de nouveaux arômes... appétissants. Autre avantage crucial, la cuisson permet de conserver plus longtemps produits végétaux et animaux. Ainsi, en cuisant et en cuisinant leurs aliments, nos ancêtres ont pu manger davantage et accéder à des nourritures beaucoup plus variées. Ils ont pu consommer des produits dont les nutriments étaient mieux assimilés, plus sûrs sur le plan bactériologique et pouvant être stockés en prévision des périodes de pénurie.

La soupe des origines, aliment central

Avec la maîtrise du feu, l'homme a inventé le barbecue et les galettes de céréales (c'est-à-dire le fait de faire griller les aliments à la chaleur sèche des flammes vives, des braises ou des pierres préalablement chauffées). Mais aussi, les potées, les bouillies et... les soupes. Nos ancêtres devaient donc disposer de récipients étanches aptes à retenir l'eau à chauffer. Pour y parvenir, la première idée a consisté à faire chauffer des pierres puis à les plonger dans l'eau contenue dans un récipient naturel – calebasse, peau ou panse d'animal, carapace de tortue... – qui ne pouvait supporter le contact avec les flammes. Une variante a consisté à creuser un trou dans le sol, à en tapisser les parois avec des pierres pour les rendre étanches, puis à remplir ce trou d'eau dans laquelle on jetait, en les remplaçant régulièrement, des pierres surchauffées. Plus tard, l'invention des poteries, récipients durables et transportables, étanches et résistants au feu, a permis de réaliser « potées » et autres « potages ». À l'époque médiévale, ce dernier terme s'appliquait à tous les plats qui étaient cuits dans des pots.

La cuisson de la viande

Dès qu'il en a eu la possibilité, l'homme a fait cuire la viande. L'étude archéologique de nombreux sites préhistoriques a montré que la viande pouvait être bouillie, grillée à la broche, rôtie dans un « four », ou encore fumée ou séchée pour pouvoir être conservée.

Tous les groupes humains de la Préhistoire ont utilisé les matières grasses animales que ce soit pour s'en nourrir directement ou comme ingrédient de leurs préparations culinaires. Ces graisses étaient prélevées directement sur l'animal (lard, saindoux, moelle) mais elles pouvaient aussi être obtenues en faisant bouillir des os.

Dans la quasi-totalité des sociétés de chasseurs-cueilleurs, la cuisine est l'affaire exclusive des femmes, comme l'est la collecte des végétaux et le ramassage des petits animaux, œufs, escargots ou coquillages. En revanche, faute de traces archéologiques (et, bien sûr, d'écrits) on ne connaît pas les recettes que confectionnaient nos arrière-grands-mères de la Préhistoire, les associations d'aliments qu'elles réalisaient, les assaisonnements qu'elles utilisaient, les modes et techniques de préparation qu'elles mettaient en œuvre. De même, à part quelques cuillères et fragments de poteries, aucun ustensile de cuisine de cette lointaine période n'a été retrouvé.

D'où vient notre gros cerveau ?

Certains chercheurs pensent que nous devons notre beau et gros cerveau à la maîtrise du feu et à la cuisson des aliments. La cuisson des aliments a rendu plus accessibles des nutriments importants pour la santé et aurait favorisé le développement du cerveau.

Finalement la cuisson, à quoi ça sert ?

Nous cuisons nos aliments pour plusieurs raisons.

- Pour les rendre comestibles ou plus digestes car, crus, certains aliments possèdent des facteurs antinutritionnels que la cuisson permet de détruire. Par exemple, l'amidon des pâtes ou du riz devient digeste après cuisson à l'eau grâce à une modification de sa structure plus favorable à l'action de l'amylase qui découpe l'amidon en molécules de glucose.

- La cuisson permet également aux protéines d'ouvrir leur structure en hélice et de faciliter ainsi l'action des enzymes digestives.
- Pour mieux les conserver en détruisant les micro-organismes nuisibles.
- Pour obtenir des saveurs et des arômes agréables qui proviennent de réactions chimiques regroupées sous le nom de réaction de Maillard. Cette réaction est à double tranchant : elle conduit à des saveurs très appréciées par le consommateur mais les molécules impliquées sont suspectées de favoriser le développement de certains cancers ou de réactions inflammatoires. C'est ce que nous verrons par la suite.

Lors de la cuisson, les aliments sont le siège d'un grand nombre de réactions car ils constituent un milieu complexe sensible à la chaleur. La cuisson peut entraîner une perte de la qualité nutritionnelle de l'aliment (perte en vitamines, apparition de composés indésirables) mais est aussi nécessaire pour une meilleure digestibilité, une qualité microbiologique indispensable et l'aspect savoureux des aliments.

Une bonne cuisson doit permettre de trouver un ensemble de compromis entre ces différents aspects pour que cuisiner au quotidien rime avec santé. Et pour cela, il faut choisir les modes de cuisson adaptés avec des ustensiles pour lesquels les fabricants rivalisent d'idées et d'arguments : ustensile écologique, sain, facile d'entretien, garanti à vie... Le choix est difficile d'autant que les secrets des fabricants sont parfois difficiles à percer.

1

Les grandes règles de la cuisine santé

Objectif : préserver la qualité des aliments

Pour manger sain, il faut choisir des aliments de bonne qualité, les conserver dans des conditions appropriées, les préparer et les cuire de façon à préserver leurs qualités nutritionnelles et santé et, pour cela, choisir le bon ustensile et le bon mode de cuisson.

●●● Se nourrir chaque jour, c'est apporter à notre corps l'ensemble des nutriments dont il a besoin. Les nutriments sont des éléments indispensables à notre santé. Qu'ils soient source d'énergie ou qu'ils garantissent le bon fonctionnement de notre organisme, ils sont apportés par notre alimentation. Il s'agit des protéines, des lipides, des glucides, des vitamines et des minéraux. Chaque nutriment joue un rôle spécifique dans notre organisme et permet de maintenir l'équilibre alimentaire indispensable à notre santé. Il est donc important pour se maintenir en bonne santé d'adopter une alimentation diversifiée afin que tous nos besoins soient couverts.

Lorsque nous cuisinons, l'idéal est d'essayer de préserver ce que l'aliment contient de meilleur et d'éviter de le transformer en un produit moins bénéfique pour notre santé. En effet, pendant la cuisson, certains nutriments « sortent » de l'aliment, d'autres se transforment en composés plus ou moins toxiques… Nous perdons alors le bénéfice santé de l'aliment – ça, c'est le moindre mal – mais nous ingérons aussi, dans certains cas, des composés toxiques voire cancérigènes.

En choisissant les bons modes de cuisson et des ustensiles dont nous savons qu'ils ne seront pas une nouvelle source de contamination, il vous sera possible de manger sainement.

Rôle des nutriments dans l'organisme

On distingue plusieurs catégories de nutriments selon le rôle qu'ils tiennent dans notre organisme :

- Les nutriments énergétiques apportent l'énergie indispensable à notre corps pour fonctionner : il s'agit des glucides et des lipides.
- Les nutriments de structure, également appelés nutriments plastiques, sont indispensables à la structure des tissus. Il s'agit notamment des protéines, des acides gras essentiels et de certains minéraux (calcium, phosphore ou magnésium).
- Les nutriments qui participent à l'entretien et au fonctionnement de l'organisme sont les vitamines, les minéraux et les oligoéléments. Présents en très petites quantités, ils facilitent les réactions qui s'y déroulent. Les vitamines antioxydantes protègent nos cellules contre le vieillissement.

Limiter la fuite des nutriments

Ce phénomène concerne plus particulièrement les micro-nutriments c'est-à-dire les vitamines et les minéraux que l'on trouve essentiellement dans les fruits et les légumes.

Ceux-ci constituent un groupe d'aliments à haute densité nutritionnelle, c'est-à-dire que leur teneur en micronutriments est élevée alors que leur apport énergétique est faible. Les vitamines n'ont pas de valeur énergétique propre mais sont indispensables au fonctionnement de l'organisme. Elles doivent pour la plupart être apportées par notre alimentation. Les vitamines peuvent être liposolubles c'est-à-dire solubles dans les graisses (vitamines A, D, E, K) ou hydrosolubles c'est-à-dire solubles dans l'eau (B1, B2, B3, B5, B6, B9, B12 et C).

À QUOI SERVENT LES VITAMINES ?

VITAMINE	NOM	RÔLE	OÙ LES TROUVER ?	PROPRIÉTÉS
Vitamine C	Acide ascorbique	Défense contre les infections virales et bactériennes, protection de la paroi des vaisseaux sanguins, assimilation du fer, action antioxydante	Dans tous les fruits et légumes en quantité variable : fruits rouges, agrumes, kiwis, poivrons rouges, crucifères…	La plus fragile de toutes les vitamines : sensible à l'eau, à l'air, à la lumière et à la chaleur
Vitamine B1	Thiamine	Édulcorant	Volailles, poissons, flocons d'avoine, pain complet, riz brun…	Sensible à la chaleur et à l'oxydation
Vitamine B2	Riboflavine	Rôle dans la prévention de la cataracte, permet la production d'énergie, agit en synergie avec le glutathion, substance naturelle qui est aussi un puissant antioxydant	Abats, viande, œufs	Sensible à la lumière mais relativement stable à la chaleur
Vitamine B3	Niacine	Fabrication d'hormones et de neurotransmetteurs, nous aide à nous procurer de l'énergie	Choux, tomate, foie, viande maigre, poissons, œufs…	Peut être synthétisée par l'organisme à partir d'un acide aminé, le tryptophane Résiste à la chaleur, à la lumière et à l'oxydation
Vitamine B5	Acide panthoténique	Intervient indirectement dans le métabolisme des glucides, lipides et protides. Joue un rôle dans la synthèse de l'hémoglobine et des hormones stéroïdes	Abats, saumon, laitages, champignons, riz complet…	Sensible à la chaleur

VITAMINE	NOM	RÔLE	OÙ LES TROUVER ?	PROPRIÉTÉS
Vitamine B6	Pyridoxine	Impliquée dans la formation des anticorps, dans la synthèse des protéines, de l'hémoglobine	Foies, lentilles, chou-fleur, banane, viandes, poissons…	Résiste à la chaleur et à l'oxydation, sensible à la lumière
Vitamine B8	Biotine	Rôle dans la production d'énergie, la synthèse des graisses et du glucose	Foie, jaune d'œuf, maïs, soja, haricot…	Stable à la chaleur, peu sensible à l'oxydation Détruite par les UV
Vitamine B9	Folates	Intervient dans le métabolisme des protéines et du matériel génétique, rôle dans la synthèse de neuromédiateurs Prévient les malformations fœtales et les risques de maladies cardio-vasculaires	Légumes verts, maïs, pois chiche, foie…	Sensible à la dégradation oxydative renforcée par l'oxygène, la lumière et la chaleur
Vitamine B12	Cobalamine	Nécessaire aux globules rouges et aux cellules nerveuses, intervient dans la synthèse de l'ADN.	Abats, bœuf, huitres, œufs, fromage…	Sensible à la lumière, résiste à l'oxydation Sensible à la chaleur dans certaines conditions (milieu acide ou basique)
Vitamine A	Rétinol et caroténoïdes	Rôle primordial dans le mécanisme de la vision mais aussi renouvellement des tissus, système immunitaire	Rétinol : produits laitiers, beurre, œufs et foie Caroténoïdes : carottes, crucifères, petits pois, abricot…	Sensible à l'oxydation et à la lumière Relativement stable à la chaleur.

VITAMINE	NOM	RÔLE	OÙ LES TROUVER ?	PROPRIÉTÉS
Vitamine B6	Pyridoxine	Impliquée dans la formation des anticorps, dans la synthèse des protéines, de l'hémoglobine	Foies, lentilles, chou-fleur, banane, viandes, poissons…	Résiste à la chaleur et à l'oxydation, sensible à la lumière
Vitamine D	Calciférols	Augmente la capacité d'absorption par l'intestin du calcium et du phosphore	Poissons gras (saumons, maquereaux, sardines)	Peut être synthétisée par l'organisme sous l'effet du soleil
Vitamine E	Tocophérols	Rôle antioxydant, protège de l'oxydation les corps gras de l'organisme	Huiles de tournesol, avocat, amandes, noisettes…	Très sensible à l'oxydation
Vitamine K	Naphtoquinones	Intervient dans la coagulation, la minéralisation osseuse, la croissance cellulaire	Crucifères, persil, épinards, laitue	Stable à la chaleur, sensible à la lumière et un peu moins à l'oxydation

← Le rôle antioxydant des fruits et légumes

Les vitamines à rôle antioxydant proviennent en grande partie des fruits et légumes, c'est d'ailleurs ce qui en fait un groupe d'aliments particulièrement intéressant du point de vue de la santé. Les vitamines étant particulièrement fragiles, ces propriétés antioxydantes sont susceptibles d'être affectées par plusieurs facteurs comme l'oxygène, la lumière, la chaleur et les procédés de transformation. Au vu de leur fragilité, les teneurs en certaines vitamines, et notamment les vitamines du groupe B et la vitamine C, peuvent largement diminuer entre le moment de la récolte et le moment où l'on va consommer l'aliment, les conditions de stockage et les modes de

Les minéraux

Les minéraux sont des micronutriments indispensables à la vie. Ils sont apportés par l'alimentation. Parmi eux, il y a ceux qui sont présents en grandes quantités dans notre organisme : sodium, potassium, calcium, magnésium, phosphore, et ceux présents en très petites quantités, voire à l'état de traces, on les appelle oligoéléments : le fer, le zinc, le fluor, le cuivre, l'iode, le manganèse, le cobalt, le sélénium, le vanadium, le molybdène, le chrome… Les rôles joués par ces minéraux sont variables et divers : constitution des tissus, régulateur des mouvements d'eau, rôle dans l'excitabilité neuromusculaire, élaboration des hormones et des enzymes, soit par incorporation directe, soit par un mécanisme catalytique.

préparation jouant un rôle déterminant dans la teneur en vitamines et minéraux des aliments consommés.

← À quoi servent les antioxydants ?

Les radicaux libres sont des molécules très réactives qui sont produites naturellement par l'organisme et qui sont notamment responsables du vieillissement cellulaire. Sous certaines conditions (tabac, alcool, pollution…), l'organisme se met à produire beaucoup de radicaux libres, on parle de « stress oxydant » responsable d'un certain nombre de maladies. Pour contrer ces radicaux libres, il existe des antioxydants (flavonoïdes, vitamine C, sélénium, zinc…) essentiellement présents dans les fruits et légumes.

← Choisir vos fruits et légumes

Les vitamines étant particulièrement sensibles aux conditions de conservation, le choix de vos fruits et légumes est déterminant pour qu'ils restent des alliés santé.

LES LÉGUMES « FRAIS » : PAS FORCÉMENT LA PANACÉE

La perte vitaminique au cours de la cuisson à la maison est une chose, mais reste à savoir de quelle teneur vous êtes partis avant de cuisiner. Et cela dépend par exemple du type de légumes que vous avez achetés (frais, surgelés, en conserves) ainsi que du temps et des conditions de stockage avant la consommation.

L'idéal est évidemment de consommer des légumes immédiatement après la récolte. Cela n'étant pas toujours possible, si vous avez acheté des légumes frais, évitez de les conserver trop longtemps dans le bac du réfrigérateur. Certaines vitamines, comme la vitamine C et la vitamine B9, sont très sensibles à l'oxydation au contact de l'air : plus vous les stockez longtemps, plus la teneur en vitamines diminue.

De la même façon, si vous stockez vos légumes à température ambiante,

Cuisson et activité antioxydante

L'influence du procédé de cuisson sur l'activité antioxydante des légumes n'est pas clairement établie. Certains légumes voient même leur activité antioxydante augmenter en fonction du mode de cuisson choisi. Une récente étude parue en 2009 dans le *Journal of Food Science* a évalué l'influence des méthodes de cuisson sur 20 légumes. Cette étude montre par exemple que l'activité antioxydante de l'artichaut n'est affectée par aucun type de cuisson et que lorsque les légumes subissent une diminution de leur activité antioxydante, c'est surtout après la cuisson sous pression et la cuisson en immersion dans l'eau. La cuisson de la tomate augmente la quantité de lycopène (antioxydant de la famille des caroténoïdes) assimilable par l'organisme. Ainsi, il y a environ quatre fois plus de lycopène biodisponible dans la sauce tomate que dans la tomate fraîche !

vous avez plus de chances de consommer un légume avec de faibles teneurs en vitamine C avant même qu'il ait été cuisiné. Par exemple, des brocolis stockés à température ambiante ne contiennent au bout de 7 jours que 28 % de la vitamine C présente initialement alors qu'il en reste 80 % dans des brocolis stockés à 4 °C pendant 21 jours.

Faut-il faire dégorger les légumes ?

Faire dégorger un légume, c'est éliminer son eau de végétation en le saupoudrant de sel. Ceci permet par exemple de retirer l'amertume des aubergines ou des concombres. Mais aujourd'hui cela ne s'avère pas particulièrement nécessaire, les variétés étant choisies pour leurs qualités gustatives, notamment pour leur absence d'amertume. Et puis, d'un point de vue nutritionnel, l'eau qui sort du légume emmène avec elle vitamines hydrosolubles et minéraux…

Les épinards sont particulièrement fragiles et leur teneur en vitamine C chute très rapidement : après trois jours à température ambiante, il ne reste que 10 % de la vitamine C initiale. Cette teneur remonte à 20 % après un stockage de sept jours à 4 °C.

Nous avons tendance à désigner par « frais » tous les légumes non transformés, qu'ils proviennent du marché, du supermarché ou du marchand ambulant en bord de route. Attention, tous ces légumes n'ont pas le même « passé » : leurs conditions de transport (temps, température) et de stockage peuvent être responsables d'une perte importante en vitamine C.

À RETENIR

Plus la température de stockage est élevée et la durée de conservation longue, plus les pertes en vitamine C sont élevées.

La préparation des légumes frais avant cuisson a également une influence sur la teneur en vitamines et minéraux. Ainsi, le lavage, l'épluchage et l'éminçage jouent un rôle important sur la préservation des vitamines et minéraux. Il vaut mieux éviter de laisser tremper trop longtemps les légumes car les pertes en minéraux et vitamines se produisent par diffusion dans l'eau de lavage. Pensez d'ailleurs à laver vos légumes entiers, avant de les couper en morceaux, cela diminuera les pertes par diffusion.

L'épluchage doit être modéré car c'est dans la peau et dans la partie immédiatement sous la peau que se concentre la plus grande partie des vitamines. Enfin, évitez de trop découper les légumes car cela favorise également les pertes par oxydation.

LES LÉGUMES SURGELÉS : UNE BONNE ALTERNATIVE ?

Si vous doutez de la provenance de vos légumes ou si vous n'avez pas l'intention de les consommer rapidement, vous pouvez faire le choix des légumes surgelés ou en conserves.

Pour les produits surgelés, le délai entre la période de récolte et la surgélation est très court, ce qui permet de limiter les pertes vitaminiques uniquement par le fait des conditions et du temps de stockage. Cependant, il faut savoir que certains fruits et légumes subissent une étape de blanchiment, c'est-à-dire qu'ils sont ébouillantés, de façon à inactiver des enzymes qui pourraient dégrader les aliments au cours de leur conservation. Cette étape entraîne une perte des vitamines hydrosolubles par lessivage, c'est le cas de la vitamine C, de la vitamine B1 et des folates. Ces vitamines étant hydrosolubles, la perte inhérente au blanchiment est due à la diffusion des vitamines vers l'eau bien plus qu'à une dégradation à la chaleur. Évidemment, plus le temps de blanchiment est long, plus la perte en vitamines est importante. Le blanchiment n'affecte pas les teneurs en sodium, potassium ou calcium de la plupart des légumes sauf pour

le chou-fleur ou le brocoli dans lesquels des pertes en potassium de 20 à 30 % ont été observées. Le blanchiment de l'asperge conduit à une perte en fer de 65 %.

Le blanchiment à la vapeur ou le blanchiment rapide par micro-ondes permettent de limiter les pertes nutritionnelles.

Quoi qu'il en soit, l'étape de blanchiment préalable à la surgélation permet de diminuer les pertes en vitamines qui pourraient avoir lieu au cours de la conservation en froid négatif.

Par exemple, en ce qui concerne les courgettes, cette étape de blanchiment permet une rétention de 85 % de la vitamine C à l'intérieur du légume contre 25 % si cette étape n'a pas lieu.

De la même façon, les haricots verts et les poivrons non blanchis perdent plus de 97 % de leur vitamine C en un mois pendant un stockage en froid négatif. Ceci s'explique par le fait que l'étape de blanchiment permet d'éliminer l'oxygène présent dans l'aliment empêchant ainsi la dégradation oxydative des vitamines.

Un congélateur bien réglé

La température de stockage des produits surgelés a une importance capitale sur la teneur en vitamine C. Une étude montre qu'à – 10 °C une perte de 80-90 % en vitamine C peut être constatée après un an de stockage. Si votre congélateur est bien réglé à – 18 °C, au bout d'un an les pertes pour les asperges, brocolis, haricots verts et petits pois sont de l'ordre de 20 % contre 50 % dans les épinards et le chou-fleur.

À RETENIR

Le blanchiment préalable à la surgélation permet de diminuer les pertes en vitamines.

La conservation des légumes surgelés en froid négatif conduit à une perte en vitamine C qui peut être extrêmement variable pour un même légume. Quant aux vitamines du groupe B, elles sont plus stables en cours de stockage pour les légumes surgelés. Quant à la teneur totale en minéraux, elle est assez peu affectée par un stockage à basse température.

Enfin, sachez qu'il est inutile de faire décongeler vos légumes avant de les faire cuire, la décongélation étant notamment responsable d'une perte en vitamine C.

QUID DES LÉGUMES EN CONSERVE ?

Beaucoup de foyers ont recours aux boîtes de conserve pour leur côté pratique : toujours à disposition, les légumes sont déjà cuits et il n'y a plus qu'à les faire réchauffer. Et du point de vue nutritionnel, ça vaut quoi ? Les conserves sont fabriquées suivant une technique appelée appertisation qui consiste à placer les légumes dans des récipients fermés et à les porter à haute température (autour de 130 °C) afin de détruire les bactéries présentes. Cependant, les aliments en conserve perdent de leur qualité nutritionnelle pour deux raisons : le traitement sévère de stérilisation et la présence d'eau qui solubilise une bonne partie des vitamines et des minéraux. Ceci dit, la période de conservation des légumes en conserves est longue et la perte supplémentaire en vitamines, notamment en vitamine C, au cours du stockage est plutôt modérée.

Ensuite en fonction du mode de cuisson que vous allez choisir, les pertes en vitamines et minéraux seront plus ou moins importantes.

PERTES EN VITAMINE C DES LÉGUMES EN BOÎTE OU EN BOCAUX

LÉGUMES	PERTES EN VITAMINE C
Tomates	26 %
Épinards	70 %
Carottes	70 %
Petits pois	50 à 70 %
Haricots verts	45 %

← Adapter le mode de cuisson pour limiter la perte de micronutriments

Une fois le type de légumes choisi (frais, conserves, surgelés), le procédé de cuisson ou de réchauffage va continuer d'influer sur la teneur en vitamines et minéraux des aliments. Qu'ils soient cuits à la vapeur, bouillis, sautés ou grillés, les aliments perdent de leur valeur nutritionnelle en fonction du mode de préparation pour lequel vous allez opter. Les concentrations finales en vitamines et minéraux dans l'aliment que vous mangez sont notamment particulièrement tributaires du mode de préparation ainsi que de la température et du temps de cuisson. Pour optimiser vos apports en vitamines et minéraux, vous devez choisir les modes de cuisson adaptés.

CUISINER EN IMMERSION DANS L'EAU : DIÉTÉTIQUE MAIS...

Faire cuire les aliments dans l'eau présente l'intérêt de limiter l'apport en matières grasses. Cependant, la cuisson dans une casserole d'eau bouillante s'accompagne d'un phénomène de fuite des vitamines hydrosolubles (solubles dans l'eau) et des minéraux de l'aliment vers l'eau. Ajoutez à cela une exposition prolongée à la chaleur et vous n'aurez pratiquement plus de vitamines et minéraux dans l'aliment. Il convient donc de consommer le bouillon de cuisson afin d'optimiser l'apport vitaminique.

Pour limiter les pertes avec ce procédé de cuisson, évitez par exemple de trop cuire les légumes afin de diminuer leur temps d'immersion dans l'eau, responsable à la fois de la fuite des vitamines et de celle des minéraux. Vous pouvez par exemple mettre un couvercle sur votre casserole pour optimiser leur cuisson et faire bouillir l'eau avant d'y jeter les légumes.

• À RETENIR

Pour conserver un maximum de vitamines, essayez, aussi souvent que possible, de cuire les aliments dans leur peau et évitez de les couper en petits morceaux.

Ce qui est vrai pour les légumes l'est aussi pour les viandes : cuites à l'eau, elles perdent également une bonne partie de leurs vitamines hydrosolubles.

CUISINER À LA VAPEUR

La vapeur permet de cuire les aliments en conservant leur qualité nutritionnelle et sans ajouter de matière grasse. L'aliment cuit au contact de la vapeur d'eau obtenue par ébullition de l'eau placée au fond de l'appareil de cuisson. La cuisson à la vapeur peut se faire soit à pression atmosphérique – la température de cuisson est alors de 100 °C – soit sous pression (cocotte-minute) ce qui entraîne un gain de temps de cuisson par élévation de la température de la vapeur d'eau mais aussi davantage de pertes vitaminiques.

À RETENIR

La cuisson à la vapeur limite la fuite des vitamines et minéraux car la vapeur cuit les aliments sans qu'ils soient au contact de l'eau.

FAIRE « SAUTER » LES LÉGUMES

Sautés à la poêle ou au wok, les aliments sont saisis à feu vif et cuisent sans ou avec très peu de matières grasses. Les aliments conservent leurs éléments nutritifs et peuvent être consommés croquants. Ce mode de cuisson convient aussi bien aux légumes qu'aux poissons et aux viandes.

CUIRE À L'ÉTOUFFÉE

Avec ce procédé de cuisson, les légumes cuisent dans leur eau de constitution. Ceci évite la fuite des vitamines hydrosolubles et des minéraux. Les pertes en vitamines seront d'autant plus faibles que le temps de cuisson sera court. Ce mode de cuisson à l'étouffée convient plutôt aux légumes mais aussi à certains morceaux de poissons et de viandes. La casserole doit être de taille adaptée à la quantité à cuire ; elle doit être pleine de légumes, au 3/4 minimum, cela évite la perte d'humidité créée par les légumes car avec cette méthode, on cuit les légumes dans leur propre jus (ils sont souvent composés à 80 % d'eau). Il s'agit d'une cuisson lente qui se fait à basse température avec le couvercle fermé.

ET LE FOUR À MICRO-ONDES ?

Il a l'avantage de cuire rapidement les aliments et donc de les exposer moins longtemps à la chaleur. De plus, comme il faut ajouter très peu d'eau pour la cuisson, il n'y a pas de fuite des vitamines et minéraux vers le liquide de cuisson. Cependant, il faut savoir que le temps de cuisson dépend du type d'aliments à cuire, la pomme qui cuit très vite ne perd que 5 % de sa vitamine C contre 50 % pour le haricot vert qui cuit plus lentement.

CUISSON AU FOUR

La cuisson des légumes au four est longue, l'air étant un isolant. Les vitamines vont donc être détruites de façon plus importante, le temps de cuisson étant forcément prolongé. Les recettes de légumes au four proposent souvent l'ajout d'une béchamel, de lait ou de crème liquide pour éviter aux légumes de dessécher.

Limiter la destruction des nutriments

Les aliments contiennent de nombreux constituants qui en font un milieu complexe sensible à la cuisson. Les aliments sont alors le siège de nombreuses réactions susceptibles de diminuer leurs qualités nutritionnelles. Voici un rapide aperçu des constituants sensibles à la cuisson.

← Les vitamines

Nous avons vu que les vitamines sont sensibles à certaines étapes de la préparation culinaire comme le blanchiment ou le trempage car elles peuvent « fuir » dans l'eau. Les vitamines sont des éléments très fragiles, elles sont généralement peu résistantes à l'air ou à la chaleur. Dès le moment où les fruits ou légumes sont coupés, la destruction des vitamines s'amorce. C'est le phénomène d'oxydation qui en est responsable d'où l'importance de ne pas les conserver trop longtemps avant de les consommer mais également de ne pas les couper ou de vérifier qu'ils ne sont pas entaillés pour éviter que l'oxygène de l'air soit directement au contact de la chair du fruit ou du légume. La cuisson, même rapide, diminue la teneur en vitamines thermosensibles comme la vitamine C et la vitamine B9.

Si le fait de couper les légumes le plus petit possible permet de diminuer le temps de cuisson, il faut savoir qu'un légume coupé finement aura finalement plus de surface exposée à l'air et la perte vitaminique sera plus importante. Toute cuisson détruit une partie des vitamines. Il faut simplement essayer de limiter la perte. Et attention, une cuisson soi-disant bénéfique pour la préservation des vitamines peut s'avérer beaucoup moins efficace si elle est mal conduite. Il faut éviter le contact trop prolongé avec l'eau, et privilégier la consommation de légumes croquants pour diminuer les temps de cuisson.

Mieux vaut donc pratiquer une cuisson douce. C'est le couple temps-température qui est responsable de la perte vitaminique à la chaleur. Certains fabricants l'ont bien compris et proposent des ustensiles toujours plus innovants afin de nous aider à conserver nos vitamines.

← Les protéines

Les protéines, constituants essentiels de toutes les cellules de notre corps, sont particulièrement sensibles à la chaleur. Les protéines sont constituées par une succession d'acides aminés dont certains sont dits essentiels, c'est-à-dire qu'ils doivent obligatoirement être apportés par l'alimentation car notre organisme ne sait pas les fabriquer.

La structure des protéines est déterminée à la fois par la nature des acides aminés qui les composent mais aussi par la forme

qu'elles occupent dans l'espace. Elles peuvent avoir une structure hélicoïdale. Cette structure est une sorte de protection car, ainsi repliée sur elle-même, la protéine est moins exposée au milieu environnant. Lors de la cuisson, la chaleur déplie la protéine en rompant les liaisons impliquées dans la structure spatiale. Les acides aminés sont alors exposés au milieu environnant, ce qui facilite les réactions avec les autres constituants présents.

Ceci peut avoir des effets bénéfiques notamment sur la digestion puisque les protéines sont plus accessibles aux enzymes digestives. Mais les protéines subissent également d'autres attaques qui diminuent leurs qualités nutritionnelles. C'est le cas de la réaction de Maillard. Elle est initiée par la réaction d'un sucre sur un acide aminé – constituant des protéines – et est accélérée par la chaleur. Une des cibles privilégiées de cette réaction est la lysine, acide aminé essentiel. Ainsi impliquée dans la réaction, la lysine n'est plus disponible pour l'organisme, la qualité nutritionnelle de l'aliment ingéré est donc diminuée. Cette étape constitue le stade précoce de la réaction.

La réaction de Maillard ne s'arrête cependant pas là : elle évolue vers des composés responsables des arômes dans les aliments. Pour cette raison c'est une réaction qui est particulièrement recherchée dans l'industrie agroalimentaire et pourtant certains produits de Maillard sont suspectés de favoriser un certain nombre de maladies.

Limiter la formation de ces composés de Maillard est possible en faisant le choix de modes de cuisson adaptés. Ce thème sera développé un peu plus loin dans le livre.

Les différents types d'acides gras

Les acides gras sont des chaînes de 4 à 22 atomes de carbone avec, à une extrémité, un groupement acide (COOH) et à l'autre, un groupement méthyle (CH_3). On distingue les acides gras en fonction du nombre d'atomes de carbone et du nombre de doubles liaisons. En effet, ces paramètres conditionnent la forme générale de la molécule et ses propriétés, notamment quand elle est incluse dans une membrane biologique. Ainsi, il y a des acides gras à chaîne courte (moins de 18 carbones), longue (18 carbones) et très longue (20 à 24 carbones). Lorsqu'un acide gras ne comporte aucune double liaison, il est dit « saturé ». Lorsqu'il comporte une double liaison, il est dit « monoinsaturé ». Lorsqu'il comporte plusieurs doubles liaisons, il est dit « polyinsaturé ».

← Les lipides

Les matières grasses ont un rôle fondamental dans la composition des membranes cellulaires et, en particulier, celles du tissu nerveux. Nous avons besoin d'en consommer et devons privilégier celles qui sont bonnes pour notre santé.

Tout comme les protéines, les lipides, et notamment les acides gras qui en sont les principaux constituants, sont très sensibles à la chaleur. Parmi ces acides gras, certains sont dits essentiels car ils ne sont pas fabriqués par l'organisme et doivent être apportés par l'alimentation. C'est le cas des acides gras oméga-3 (acide alpha-linolénique) et des acides gras oméga-6 (acide linoléique) qui sont des acides gras polyinsaturés que l'on trouve, par exemple, dans les huiles de colza, de noix, de pépins de raisin ou dans les poissons gras. Ils présentent de nombreuses vertus pour notre système cardio-vasculaire.

Les acides gras polyinsaturés sont particulièrement fragiles car ils peuvent fixer l'oxygène de l'air sous l'action de la lumière ou de la chaleur : c'est ce qu'on appelle le rancissement, phénomène responsable d'un goût et d'une odeur désagréables dans l'aliment. À des températures élevées, les peroxydes lipidiques formés dans la première étape du rancissement se dégradent en composés toxiques potentiellement cancérigènes. Le taux de dégradation dépend de nombreux facteurs tels que la température, l'exposition à l'air, l'humidité de l'aliment ou la stabilité de l'huile. Les produits de dégradation des lipides sont regroupés sous le terme de composés polaires dont le pourcentage détermine la qualité de l'huile.

La composition d'une huile est déterminante pour l'usage que l'on va en faire : assaisonnement, cuisson, friture. Un bon choix d'huile permet de limiter la dégradation des acides gras à la chaleur. Les corps gras les mieux adaptés sont ceux qui sont pauvres en doubles liaisons, il s'agit donc de graisses saturées d'origine animale et végétale (pas de doubles liaisons) et de graisses monoinsaturées (une double liaison). Le choix est parfois difficile parce qu'une huile stable à la chaleur n'est pas forcément bonne pour notre santé cardiovasculaire.

CORPS GRAS	INDICE DE STABILITÉ
Noix de coco	0,24
Noyaux de palme	0,27
Saindoux	0,86
Palme	1,3
Olive	1,5
Lard	1,7
Arachide	3,7
Colza (teneur élevée en acide érucique)	4,1
Coton	5,4
Colza (teneur faible en acide érucique)	5,5
Maïs	6,2
Tournesol	6,8
Soja	7,0
Carthame	7,6

Des indices de stabilité inhérente ont été calculés pour les corps gras. Ils sont fonction du taux de réaction de leurs acides gras avec l'oxygène. Ainsi, une huile (ou un corps gras) qui possède un indice de stabilité faible est moins susceptible à l'oxydation (c'est-à-dire plus stable) lors d'une friture.

Parmi les corps gras les plus résistants à la chaleur, on trouve donc l'huile de noix de coco qui est une huile particulièrement riche en acides gras saturés, l'huile de palme, l'huile d'olive et également l'huile d'arachide. Elles sont stables pendant une friture.

De façon générale, plus un corps gras contient des acides gras saturés, plus il est stable à la chaleur. Mais certaines huiles peuvent être riches en acides gras polyinsaturés et être stables à la chaleur : ceci est dû à la présence d'antioxydants comme les tocotriénols (huile de pépins de raisin) ou les polyphénols (huile d'olive vierge). En effet, la présence de ces antioxydants permet de retarder l'oxydation des acides gras pendant la cuisson.

Certaines épices et aromates contiennent aussi des composés phénoliques qui peuvent retarder les processus d'oxydation. C'est le cas du romarin, de l'origan, de la cannelle, des clous de girofle, de la sauge, du thym et du curcuma.

← Les glucides

Les glucides fournissent à nos cellules l'énergie dont elles ont besoin. Ils sont caractérisés par leur index glycémique (IG) qui correspond à la vitesse à laquelle les

La gélatinisation de l'amidon

L'index glycémique d'un aliment riche en amidon sera déterminé par l'état structural de l'amidon, à savoir son état de gélatinisation. L'amidon se gélatinise lorsqu'il est cuit en présence d'eau. Plus la cuisson est longue, plus il se gélatinise, plus l'IG est élevé car l'amidon est alors plus facilement transformé en glucose par les sucs digestifs.

glucides que nous ingérons font monter la glycémie c'est-à-dire le taux de glucose dans le sang.

Plus un aliment a un index glycémique élevé, plus il augmente rapidement et de façon importante le taux de sucre dans le sang. Ceci provoque une réponse du pancréas qui produit une grande quantité d'insuline. Or les pics de glycémie et d'insulinémie favorisent le stockage des graisses car l'organisme a tendance à s'approvisionner en énergie plutôt à partir des glucides que des graisses. Il est donc préférable de consommer des aliments à index glycémique bas (légumes, légumineuses).

L'IG est modifié par le mode de cuisson, le mode de préparation et l'association à d'autres aliments. L'index glycémique est augmenté par la cuisson prolongée des aliments et le broyage ou la réduction en purée. En revanche l'IG est diminué par la cuisson *al dente* et la richesse en fibres. Préférez donc vos pâtes al dente pour retirer tout le bénéfice des glucides et avoir une sensation de satiété plus longue.

L'index glycémique pour les nuls

Tous les glucides, qu'ils soient simples ou complexes, provoquent un pic du taux de sucre dans le sang 30 min après leur ingestion. Seulement l'amplitude de ce pic est plus ou moins grande. Cette amplitude ne dépend pas de la teneur en sucres simples ou en amidon. Elle dépend d'autres facteurs (pour en savoir plus, lire *Le régime IG minceur*). L'index glycémique, reflète cette amplitude.

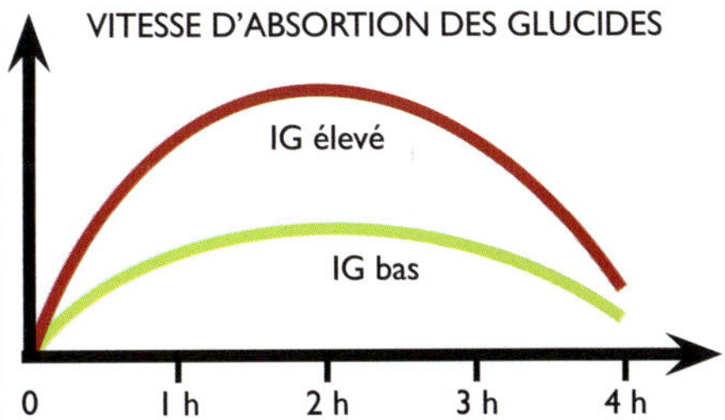

De la même façon, le riz à cuisson rapide, c'est-à-dire précuit, a un IG plus élevé qu'un riz « standard ». Pour vos pommes de terre, préférez la cuisson avec la peau : l'IG sera plus faible que pour des pommes de terre bouillies pelées.

Les glucides et les lipides lors de la cuisson entrent dans le processus de la réaction de Maillard en réagissant avec les protéines. Ceci se produit notamment dans les viandes rôties au four, dans les fritures, dans les cuissons prolongées à la poêle.

← Les enzymes de phase 2

Dans notre organisme, les gènes qui codent pour les enzymes de phase 2 peuvent être stimulés par un composé appelé sulforaphane contenu dans les légumes crucifères (brocoli, chou, chou-fleur). Or les enzymes de phase 2 permettent la mise en place d'un mécanisme endogène de protection contre le cancer.

Il faut savoir que le sulforaphane n'existe pas en tant que tel dans le légume. Il faut l'intervention d'une enzyme appelée myrosinase présente dans le légume pour qu'il soit formé lorsqu'on coupe ou qu'on mâche le chou par exemple. Or, cette enzyme est inhibée par la cuisson, ce qui veut dire que des légumes surgelés qui ont subi un blanchiment ne sont pas de bonnes sources de sulforaphane.

Une étude sur des volontaires ayant consommé du brocoli soit cru soit cuit montre que la quantité de sulforaphane dans le sang et dans l'urine est plus élevée chez ceux qui ont consommé le légume cru. Et de la même façon, une équipe a montré que les brocolis légèrement cuits (deux minutes au four à micro-ondes) donnent plus de sulforaphane dans les urines que les brocolis entièrement cuits (cinq minutes et trente secondes au four à micro-ondes). En bref, si vous le pouvez, consommez vos légumes crus mais sinon préférez-les bien croquants.

Limiter la formation de composés toxiques

La cuisson des aliments à haute température génère des réactions complexes à l'origine de composés qui ne sont pas présents dans l'aliment cru et dont certains sont cancérigènes.

Nous avons vu que la cuisson pouvait entraîner la fuite ou la destruction des nutriments. Mais tous ces composés ne se « volatilisent » pas. Ils se transforment en composés antinutritionnels voire toxiques pour notre organisme. Ces composés sont présents dans les produits que nous achetons, leur formation se produisant lors des process industriels par l'application de températures supérieures à 200 °C (céréales, biscuits, café). De la même manière, lorsque nous cuisinons à la maison, nous fabriquons également ces composés, les températures de cuisson pouvant atteindre 250 °C à 300 °C.

← La réaction de Maillard

D'une façon générale, ces composés se forment lors d'une élévation de la température à la surface de l'aliment dans un contexte permettant l'évaporation de l'eau : cuisson au four, à la poêle, au barbecue, en friture. Les aliments grillés développent un brunissement caractéristique dû à la formation de molécules aromatiques : c'est la réaction de Maillard qui correspond initialement à la réaction entre un sucre (fonction carbonyle) sur un acide aminé (constituant des protéines). Désormais, le concept de la réaction est élargi et on considère que la réaction entre les produits de dégradation oxydative de la vitamine C ou des lipides insaturés avec une protéine fait partie de la réaction de Maillard.

← Des arômes oui mais...

La réaction permet la formation d'arômes très recherchés par les cuisiniers mais l'exposition des aliments à des températures aussi élevées entraîne également la dégradation de nombreux nutriments comme les vitamines, les acides aminés, les sucres, les acides gras essentiels, etc. Les produits de dégradation réagissent alors entre eux et génèrent de nombreux composés appelés AGE (*Advanced Glycated End Products*) dont certains posent des problèmes de sécurité alimentaire du fait de leur cancérogénicité ou de leur activité biologique pro-oxydante et inflammatoire. Les AGE que nous ingérons sont absorbés par notre organisme et sont notamment responsables d'une accélération du vieillissement et d'une augmentation du risque de maladies chroniques comme le diabète. Il est désormais évident que la façon dont nous préparons nos aliments est en totale corrélation avec la formation de ces composés. Ainsi, frire, griller ou rôtir les aliments sont des modes de cuisson particulièrement générateurs de produits avancés de Maillard.

À noter toutefois : notre corps fabrique lui-même des AGE lorsque les conditions sont favorables : sucre sanguin, pH, température. C'est la réaction entre le sucre et les protéines, les lipides et l'ADN qui est responsable de la formation de ces composés. Chez des malades diabétiques ou insuffisants rénaux, le taux d'AGE sanguins est plus élevé soit en raison d'un taux de glucose plus important, soit en raison d'une mauvaise élimination notamment dans le cas d'une insuffisance rénale. Les AGE déclenchent alors des réactions génératrices de radicaux libres et d'inflammations qui accélèrent le développement de nombreuses pathologies comme l'athérosclérose, l'arthrose, les neurodégénérescences…

Les produits de Maillard que nous ingérons vont rejoindre les AGE fabriqués par notre corps et favorisent la mise en place des processus dégénératifs. Or, nos changements d'habitudes alimentaires ainsi que la consommation d'aliments transformés à bas prix ont conduit à une augmentation de la consommation d'aliments riches en produits de Maillard.

← Objectf : moins d'AGE

Si nous ne pouvons pas vraiment agir sur la formation d'AGE *in vivo*, nous pouvons limiter la quantité d'AGE formés lors des cuissons ménagères afin que notre alimentation ne devienne pas une source de contamination importante en AGE. En effet, nous savons que la formation de ces composés dépend de la température et de la durée de la cuisson ainsi que de la teneur en eau du milieu. Pour certaines personnes, notamment les insuffisants rénaux, diminuer la quantité d'AGE ingérés *via* l'alimentation revêt une importance toute particulière quand on sait que les AGE seraient responsables de maladies cardio-vasculaires au sein de cette population.

L'hypothèse selon laquelle ces composés pourraient être à l'origine d'un certain nombre de maladies et notamment de certains cancers a conduit de nombreuses équipes de scientifiques à s'intéresser de plus près à ces molécules.

Alors quels sont ces composés, dans quels aliments se forment-ils, lors de quels modes de cuisson ? Voici un petit tour d'horizon de la question.

AMINES HÉTÉROCYCLIQUES

Parmi ces composés, on trouve les amines hétérocycliques qui sont suspectées de jouer un rôle dans le développement de certains cancers, notamment le cancer colorectal, le cancer du pancréas ou le cancer de l'estomac et même celui du sein. Les amines hétérocycliques se forment dans les viandes et poissons, lors de leur cuisson à haute température, à partir de composés naturellement présents dans ces aliments : créatine (substance présente dans le muscle), acides aminés, sucres… Les viandes et poissons grillés, ainsi que les exsudats de cuisson, sont les principales sources d'exposition aux amines hétérocycliques. L'exposition des populations à ces composés varierait de plusieurs nanogrammes à quelques microgrammes par jour en fonction des habitudes alimentaires et des modes de cuisson utilisés.

Les amines hétérocycliques se forment donc lors du chauffage à haute température dans la partie périphérique des viandes lors de cuisson au gril, en friture, au barbecue à haute température. La cuisson à basse température en conditions humides à l'étouffée ne génère pas d'amines hétérocycliques.

Pour limiter leur ingestion, le mieux est de préférer des cuissons douces à l'eau ou à la vapeur. Mais si le steak bouilli ne vous dit rien ou si l'appel du barbecue est trop fort, vous pouvez faire mariner votre viande dans du vin, dans de la bière ou dans des mélanges contenant des antioxydants (épices, ail, citron…). Leur présence permet de diminuer la formation d'amines hétérocycliques à la surface de la viande. Une étude aux États-Unis a notamment montré que l'utilisation de marinades du commerce riches en aromates permettait une diminution allant jusqu'à 88 % de la quantité totale d'amines hétérocycliques formées à la surface de la viande grillée.

Dans tous les cas, il vaut mieux éviter de consommer la partie grillée des viandes et les exsudats de cuisson et essayer de diminuer le temps et la température de cuisson. Par exemple, un bref passage de votre viande au four à micro-ondes avant la cuisson proprement dite à la poêle ou au barbecue permet de remonter la température au cœur de la viande et donc de diminuer le temps de cuisson. Enfin, il est préférable de retourner souvent la viande plutôt que de la laisser cuire longtemps d'un côté.

Le mieux est peut-être de trouver une alternative en consommant de la viande mijotée ou du poisson cuit à la vapeur, les barbecues ou fritures ne devant être utilisés qu'occasionnellement.

HYDROCARBURES AROMATIQUES POLYCYCLIQUES (HAP)

Ces composés sont générés lors de la décomposition par la chaleur (pyrolyse) ou de la combustion incomplète (réaction avec l'oxygène de l'air) de la matière organique qui compose tout tissu vivant. L'homme est exposé aux HAP par différentes voies. Alors que pour les non-fumeurs la principale voie d'exposition est la consommation de denrées alimentaires, la contribution du tabagisme peut être importante chez les fumeurs. Les denrées alimentaires peuvent être contaminées à partir de sources environnementales, de la transformation industrielle de denrées alimentaires et de certains modes de cuisson ménagère.

Les aliments grillés et fumés représentent une source importante d'HAP dont le plus connu est le benzopyrène, composé utilisé comme marqueur de la présence d'HAP dans les aliments. Les huiles et graisses végétales, le thé et le café ainsi que les céréales contiennent des HAP. La présence d'HAP dans les huiles végétales est due, quant à elle, en grande partie aux processus de séchage des graines les mettant en contact avec les gaz de combustion.

Parmi les HAP, certains sont classés par l'Agence Internationale pour la Recherche sur le Cancer comme ayant un effet cancérigène, d'où la nécessité de ne pas trop consommer d'aliments qui en contiennent.

Lors d'un barbecue, le contact des aliments avec la flamme est une double source de contamination. En effet la température très élevée entraîne une décomposition de la matière organique en HAP et par ailleurs la fumée contient elle-même des HAP issus de la combustion du bois ou du charbon.

Dans notre façon de cuisiner, nous pouvons diminuer notre consommation d'HAP : les recommandations sont les mêmes que celles faites précédemment pour les amines hétérocycliques mais nous pouvons ajouter à cela l'utilisation de moyens permettant d'empêcher le contact entre une flamme et les aliments : barbecue électrique avec récupération des exsudats dans la lèchefrite remplie d'eau pour empêcher leur combustion à flamme vive, cuisson à la broche en mode vertical avec récupération des exsudats en zone froide sans risque de combustion.

CARBOXYMÉTHYLLYSINE

La carboxyméthyllysine a ceci de particulier qu'elle se forme naturellement dans notre organisme au cours du vieillissement, mais nous pouvons aussi l'ingérer par le biais des aliments que nous mangeons. C'est la réaction entre différents composés ou leurs produits de dégradation (vitamine C, sucres, acides gras) avec la lysine (acide aminé essentiel) qui conduit à la formation de la carboxyméthyllysine. Lorsque nous l'ingérons, si la CML est en grande partie éliminée dans nos urines, une partie est tout de même absorbée et s'incorpore à nos tissus.

Or, la CML est responsable d'une série de réactions génératrices de radicaux libres et de micro-inflammations (qui résultent de l'augmentation de la concentration circulante d'AGE et de l'activation de certains récepteurs impliqués dans la production de cytokines pro-inflammatoires).

Le développement de nombreuses maladies dégénératives est ainsi accéléré. Dans des maladies comme le diabète ou l'insuffisance rénale, le taux plasmatique d'AGE en général et de CML en particulier est plus élevé que chez le sujet sain.

En cuisinant à la vapeur, il est possible de diminuer la quantité de produits de Maillard ingérés et donc absorbés. C'est ce que vient de mettre en évidence une étude réalisée dans le cadre d'un projet européen nommé Icare et qui vise notamment à évaluer les conséquences sur la santé d'une ingestion de produits de Maillard. Cette étude a ainsi permis de comparer les effets métaboliques d'un régime vapeur par rapport à un régime plus riche en produits de Maillard (produits grillés et frits, café, biscuits secs…). Au bout de quatre semaines, le taux de carboxyméthyllysine dans les milieux biologiques est diminué par trois chez les sujets ayant consommé le régime vapeur.

ACRYLAMIDE

L'acrylamide est un composé connu de longue date pour ses usages industriels, sous forme de polymère, le polyacrylamide notamment.

C'est en 2002 que des chercheurs suédois ont découvert la présence d'acrylamide dans des denrées alimentaires. Or cette substance est connue comme étant neurotoxique et cancérigène.

L'acrylamide se forme à haute température dans des aliments riches en glucides, comme la pomme de terre par exemple, notamment lorsqu'elle se trouve sous forme de frites. C'est la réaction entre un acide aminé, l'asparagine, avec le glucose qui conduit à la formation de cette molécule. Mais cette réaction ne se produit qu'à des températures élevées, en fonction du mode de cuisson utilisé. Par exemple, il n'a été détecté aucune présence d'acrylamide dans les pommes de terre bouillies. Il faut également savoir que l'acrylamide est aussi présent dans les céréales pour le petit déjeuner, les pâtisseries, les biscuits, le pain, le pain de mie, les petits pains, le pain grillé, les produits dérivés du cacao et le café. L'acrylamide se forme donc plus particulièrement dans des aliments d'origine végétale, lors des procédés de cuisson comme la friture ou la cuisson au four.

Pour limiter la consommation d'acrylamide, pensez à ces quelques gestes simples.

- Lorsque vous faites griller du pain à la maison, évitez de trop le faire dorer et ne consommez surtout pas les croûtes trop noires.
- Pour la préparation de vos frites, pensez que l'acrylamide se forme à haute température. Ne dépassez donc pas 180 °C pour votre huile de friture. Et ne les faites pas trop griller !
- Les cuissons au four à micro-ondes et à l'eau ne produisent pas, quant à elles, d'acrylamide.
- Tremper les pommes de terre crues dans l'eau pendant quinze à trente minutes avant la cuisson ou la friture permet de réduire la formation d'acrylamide durant la cuisson.
- Ne conservez pas les pommes de terre à moins de 8 °C car, sous cette température, la quantité d'acrylamide formé pendant la cuisson peut augmenter.

À RETENIR

Si vous souhaitez limiter votre ingestion de produits de Maillard quels qu'ils soient, préférez la cuisson à l'eau ou à la vapeur et limitez votre consommation d'aliments frits ou grillés.

ILLUSTRATION AVEC LE POULET

Une étude d'Helen Vlassara et son équipe illustre de manière éloquente tout ce que nous venons d'exposer. Sur le schéma suivant sont représentées les quantités d'AGE formés dans des blancs de poulet cuits, en fonction du temps et du mode de cuisson choisi.

QUANTITÉ D'AGE (U/g) EN FONCTION DU MODE ET DU TEMPS DE CUISSON

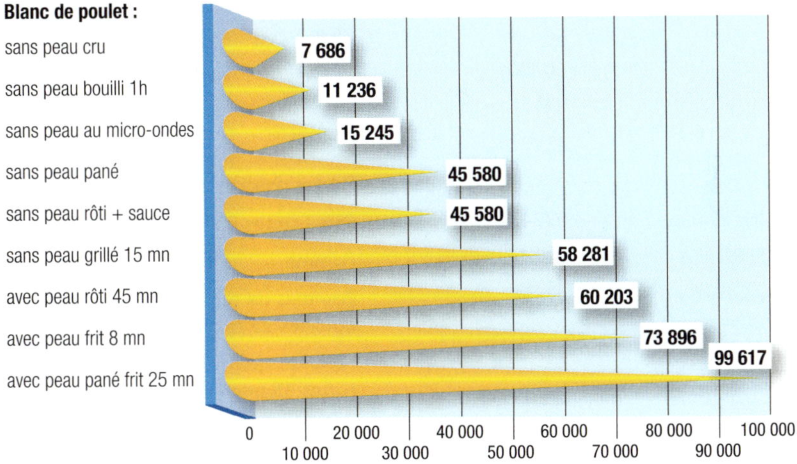

MOINS D'AGE EN PRATIQUE

Il est tout à fait possible de mettre en place un régime pauvre en produits de Maillard. L'équipe d'Helen Vlassara a publié un tableau répertoriant les quantités de produits de Maillard dans un certain nombre d'aliments. Nous avons reproduit ce tableau à la page suivante. Les aliments appartenant au groupe « riche en matières grasses » contiennent beaucoup de produits de Maillard suivis par la viande et les produits riches en protéines. De la même façon, ce sont les produits grillés ou frits qui contiennent le plus d'AGE.

À RETENIR

Les produits de Maillard n'aiment pas trop l'eau : une cuisson en milieu humide vous permettra de diminuer leur formation.

ALIMENT	QUANTITÉ AGE UE/g OU UE/mL
Viandes	
Bœuf rôti	60708
Hamburger	54176
Jambon fumé	23491
Poissons	
Merlan pané frit 25 min	87743
Poisson bouilli 90 min	7600
Thon blanc Albacore à l'huile en conserve	17396
Œufs	
Œufs frits avec margarine	27494
Tofu	
Tofu grillé	41067
Fruits et légumes	
Avocat	15772
Banane	87
Carottes en conserve	103
Frites fast food	15219
Frites maison	6939
Haricots rouges cuits 1 h	2983
Haricots verts en conserve	179
Maïs en conserve	195

ALIMENT	QUANTITÉ AGE UE/g OU UE/mL
Melon	201
Noix de cajou grillées	98082
Noix grillées	78874
Olives	16686
Patates douces rôties 1 h	723
Pâtes cuites 8 min	1123
Pomme	127
Pommes de terre bouillies 25 min	174
Pommes de terre rôties 45 min à l'huile d'olive	2180
Raisin	201
Tomate crue	234
Produits laitiers	
Beurre	264873
Brie	55979
Feta	84235
Lait écrémé	5
Lait infantile	4861
Lait maternel	52
Mozarella	16777
Parmesan	169020

ALIMENT	QUANTITÉ AGE UE/g OU UE/mL
Matières grasses	
Margarine 60 % matières grasses	175192
Mayonnaise	94010
Mayonnaise allégée	22011
Sauce salade	9
Pâtes et riz	
Pâtes cuites 8 min	1123
Riz blanc cuit 10 min	88
Snacks et petit-déjeuner	
Chips de pomme de terre	28818
Chocolat en poudre	2622
Corn flakes	2320
Flocons d'avoine	143
Frosties	4270
Glace à la vanille	352
Miel	87
Miel pops	12431
Sucre blanc	0
Pain	
Pain complet croûte	730
Pain complet mie	1080
Cola	86

PROFITEZ DES BIENFAITS DES ÉPICES ET DES AROMATES

S'il est indéniable que les herbes et les aromates ont des vertus gustatives dans la cuisine, il ne faut pas oublier qu'elles ont d'autres atouts auxquels on ne pense pas, peut-être en raison des quantités relativement faibles que l'on utilise. Globalement, on peut dire que les herbes aromatiques et les épices sont riches en antioxydants qui aident notre corps à lutter contre les attaques des radicaux libres. Ces antioxydants permettent d'atténuer l'action des substances cancérigènes que nous ingérons par le biais de notre alimentation. Or, notre apport en antioxydants étant insuffisant en raison d'une consommation trop faible de fruits et légumes, l'utilisation de ces herbes et épices peut compenser en partie ce manque.

Par exemple, la famille des alliacées contient notamment l'ail, l'oignon, l'échalote, le poireau

Les antioxydants protègent la viande

Une étude montre que l'incorporation d'extraits végétaux riches en antioxydants (romarin, oignons en poudre, pépins de raisin en poudre) dans des steaks hachés destinés à être conservés sous film ou sous atmosphère modifiée permet de protéger la viande de la peroxydation lipidique au cours de la conservation. Ceci maintient le taux d'acides gras polyinsaturés et empêche la formation de dérivés lipidiques nocifs. Les bénéfices obtenus grâce à la présence d'antioxydants se poursuivent également au cours de la cuisson.

et la ciboulette. Les alliacées peuvent jouer un rôle antioxydant, bactériostatique et de fluidifiant sanguin. L'effet bactériostatique est dû à la présence de composés soufrés, notamment dans l'ail, l'oignon et l'échalote.

Les alliacées peuvent jouer un rôle préventif vis-à-vis des maladies cardio-vasculaires pour plusieurs raisons : elles ont un rôle de fluidifiant sanguin, ce qui diminue le phénomène d'athérosclérose, ont un effet bénéfique sur la cholestérolémie et un pouvoir antioxydant qui leur permet de protéger les cellules vis-à-vis des radicaux libres.

Pour profiter de leurs vertus, mieux vaut les consommer crus en émincant par exemple de l'oignon et de la ciboulette dans votre salade.

Pour augmenter la digestibilité de l'ail, de l'oignon et de l'échalote, vous pouvez les faire cuire mais ils perdront de leur teneur en vitamines. Une cuisson à la vapeur adoucira le goût des oignons et de l'échalote. L'ail peut être cuit dans sa peau et sa chair récupérée pour être placée directement sur des légumes ou de la viande ou incorporée dans une sauce.

Les herbes aromatiques (aneth, basilic, cerfeuil, ciboulette, estragon, menthe, oseille, persil, romarin, sauge, thym…) ont de nombreuses vertus mais doivent préférentiellement être consommées crues ou ajouter en fin de cuisson car elles risqueraient de perdre leur saveur et leurs propriétés. Le basilic est riche en vitamines A et C, la ciboulette en vitamines C et B2, l'estragon contient du fer et a des propriétés antioxydantes importantes, le romarin est également riche en antioxydants, le persil est riche en vitamine C et en caroténoïdes.

Parmi les épices, le curcuma et le gingembre ont des propriétés antioxydantes très importantes.

Dans ce contexte, il est évidemment conseillé d'user et d'abuser des épices et aromates : d'abord, c'est bon pour la santé et ensuite vous allez égayer vos repas grâce à leurs innombrables saveurs.

← Les nitrites et les nitrosamines

Afin d'éviter la prolifération de micro-organismes (*Clostridium botulinium*) dans la charcuterie, les industriels ajoutent des conservateurs, les nitrites et les nitrates, qui correspondent aux codes E 250 et E 252 sur les étiquettes. Ce sont ces conservateurs qui donnent aux charcuteries leur couleur rosée.

Le problème survient à la cuisson, les nitrites pouvant réagir avec les acides aminés et donner des composés appelées nitrosamines potentiellement cancérigènes. Cette réaction se produit si vous faites cuire des lardons ou du bacon par exemple.

Signalons toutefois que les nitrosamines peuvent se former à l'intérieur du tube digestif à partir des nitrates et des nitrites ingérés. Un bon moyen de limiter cette transformation est de consommer des aliments riches en vitamines C en même temps que les aliments contenant nitrates et nitrites. La concentration la plus élevée en nitrates se rencontre dans des légumes comme les betteraves, la laitue, les radis et les épinards, surtout en hiver, lorsque ces légumes sont cultivés en serre.

Ne mangez pas les nervures et les tiges des légumes comme les épinards, la salade et les choux. Il est également préférable d'éliminer les feuilles situées en périphérie. Comme une partie des nitrates et nitrites passe dans le liquide de cuisson, il est conseillé d'éliminer le liquide de cuisson de ces variétés de légumes.

La cuisson prolongée, de même que le réchauffage lent des légumes favorise la formation de nitrites, par conséquent, limitez-les et ne réchauffez jamais deux fois les restes.

Si vous consommez malgré tout des légumes riches en nitrates, évitez alors la présence simultanée d'aliments riches en amines, qui rend possible la formation de nitrosamines. Le poisson, notamment, est particulièrement riche en amines : mieux vaut donc éviter d'associer poisson et épinards, surtout en hiver, en raison de leur teneur plus élevée en nitrates durant cette période.

← La peroxydation lipidique

Les huiles sont constituées d'acides gras saturés, monoinsaturés et polyinsaturés. Les acides gras sont particulièrement sensibles à la chaleur et réagissent facilement avec l'oxygène environnant. Il se forme alors des produits de dégradation, les peroxydes lipidiques, responsables du phénomène de rancissement. Les peroxydes lipidiques se dégradent rapidement à la cuisson et donnent des acides gras *trans*, des oxyphytostérols et autres produits d'oxydation potentiellement toxiques, regroupés sous le nom de composés polaires. Plus une huile en contient, moins sa qualité est bonne…

Il faut donc choisir son huile : les huiles riches en acides gras polyinsaturés sont réputées comme étant meilleures pour la santé mais la présence d'une insaturation (c'est-à-dire d'une double liaison sur la chaîne carbonée des acides gras) les rend plus facilement oxydables et donc plus sensibles à la chaleur. Les acides gras *trans* qui peuvent se former au cours de la cuisson ont montré clairement des effets délétères sur la santé.

Les trois processus majeurs de dégradation des huiles sont l'hydrolyse, l'oxydation et la polymérisation. Ces processus altèrent la qualité des huiles de friture et génèrent des composés potentiellement toxiques, pouvant être cancérigènes.

HYDROLYSE

C'est la réaction chimique la plus importante pendant une friture. L'eau ou l'humidité contenue dans l'aliment contribue à détacher des acides gras du glycérol auquel ils sont normalement liés, ce qui conduit à l'apparition d'acides gras libres, ainsi que des mono- et diglycérides et des glycérols. Ces produits de dégradation accélèrent la dégradation des molécules de triglycérides encore intactes car ils favorisent l'émulsion dans l'huile de l'eau issue des aliments. Les points de fumée sont abaissés et des saveurs indésirables se développent.

Quand la viande devient rance

La peroxydation des lipides est une des causes principales de la perte de qualité des viandes – qu'elles soient crues ou cuites – lors de leur conservation. Elle est notamment responsable de la perte de flaveur, de l'apparition d'un goût de rance et de l'apparition de composés toxiques. La cuisson a également un impact sur la peroxydation lipidique des viandes, d'autant plus que la vitamine E, qui peut jouer le rôle d'antioxydant – et ainsi protéger les lipides – est fragilisée par la chaleur. Une étude montre que l'importance de la peroxydation lipidique lors de la cuisson des viandes est plus déterminée par la durée que par la température de cuisson. Ainsi une entrecôte poêlée génère moins de produits d'oxydation des lipides qu'un paleron braisé.

• À RETENIR

Les aliments à frire doivent être soigneusement essuyés avant d'être plongés dans l'huile, ceci afin de limiter les projections et bien sûr les phénomènes d'hydrolyse des graisses qui génèrent des composés toxiques.

OXYDATION

Au cours de ce processus, les atomes de carbone des acides gras proches des doubles liaisons sont oxydés, ce qui brise la chaîne carbonée et génère des hydroperoxydes, diènes conjugués, époxydes, hydroxydes, alcools, acides gras à chaînes courtes. Les produits de l'oxydation génèrent des cétones et des aldéhydes caractéristiques des huiles rancies. Certains aldéhydes (malondialdéhyde, HHE, HNE) sont toxiques, mutagènes, carcinogènes. Les graisses de la famille oméga-6 donnent par exemple naissance, lorsqu'elles sont excessivement chauffées, au trans-4-hydroxy-2-nonenal (trans-4HNE) qui peut dénaturer le code génétique cellulaire et favoriser des cancers. Les graisses de la famille oméga-3 donnent elles aussi naissance à des composés toxiques et mutagènes, comme le 4-oxo-2-hexenal (4-OHE). Mieux vaut donc éviter de chauffer les huiles riches en acides gras polyinsaturés.

POLYMÉRISATION

Toutes les graisses, et notamment celles qui sont très polyinsaturées, ont tendance à former des molécules plus grosses (appelées polymères) lorsqu'on les chauffe longtemps à température élevée. Ce processus est encore mal connu, mais on pense que la polymérisation se produit lorsque deux atomes de carbone se lient ou lorsque des molécules se lient par des ponts oxygène. Une huile qui contient une grande quantité de polymères brunit ; elle a aussi une viscosité plus élevée. En outre, ces polymères sont mal digérés.

QUELLE HUILE POUR QUEL USAGE ?

Toutes les huiles sont composées majoritairement de lipides (à 99 %) et le reste est constitué de vitamines et antioxydants liposolubles. La différence entre les huiles vient de la nature des acides gras. Et de la nature des acides gras dépend l'usage qu'on doit faire de l'huile : assaisonner, cuire ou frire. De façon générale, plus l'huile est saturée plus elle est stable à la chaleur car moins il y a de doubles liaisons entre les atomes de carbone, moins il y a de risques de réaction avec l'oxygène environnant. Le souci, c'est que sur le plan nutritionnel et santé, les huiles saturées ne sont pas très intéressantes car elles sont

COMPOSITION EN ACIDES GRAS DE DIFFÉRENTES HUILES (EN POURCENTAGE)

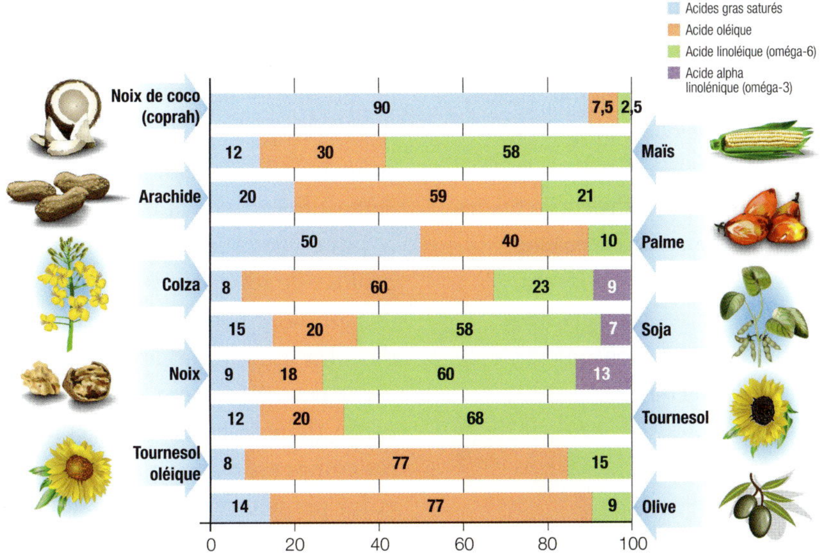

La cuisine au beurre

Le beurre est composé à 82 % de lipides et est également une bonne source de vitamines A, E et D. Contrairement aux huiles que nous utilisons pour la cuisine, le beurre contient des matières grasses d'origine animale, en majorité saturées. C'est essentiellement pour cela que la cuisine au beurre n'a pas bonne réputation. Mais certaines études montrent que le beurre contient une catégorie d'acides gras, l'acide linoléique conjugué, qui aurait une action bénéfique sur la santé. Cependant, à la chaleur, le beurre noircit rapidement : de l'acroléine, une substance irritante, se forme. Pour profiter de ses bienfaits, nous conseillons plutôt de consommer le beurre sur vos tartines le matin plutôt que dans vos poêles ! Avec modération, bien sûr…

associées à un risque cardio-vasculaire. À l'inverse, les huiles riches en acides gras polyinsaturés (oméga-3 et oméga-6) présentent des vertus pour notre santé cardio-vasculaire mais ne sont pas résistantes à la chaleur.

POUR LES FRITURES

- L'huile d'arachide est un bon choix car elle est stable jusqu'à 220 °C.
- L'huile d'olive peut être utilisée en friture également, mais il faut éviter de la chauffer au-dessus de 180 °C. Cependant, elle donne un goût particulier aux aliments et peut donc gêner certains consommateurs. Autant la garder pour la cuisson à la poêle et pour l'assaisonnement lorsque l'on veut profiter de ses qualités gustatives.
- Contrairement à une idée reçue, l'huile de colza qui est parfaite pour l'assaisonnement peut également supporter la cuisson car sa richesse en acides gras monoinsaturés compense sa teneur élevée en oméga-3 et lui permet de supporter de hautes températures.

- De même, **l'huile de tournesol oléique** est plus riche en acides gras monoinsaturés ce qui la rend plus stable à la chaleur.
- Certaines huiles ne doivent surtout pas être chauffées : l'huile de noix, l'huile de noisette, l'huile d'argan, l'huile de soja.

De manière générale, les huiles riches en acide gras monoinsaturés (essentiellement l'acide oléique) supportent la cuisson et sont préférables à des huiles peut-être plus stables (huile de palme par exemple) mais plus néfastes d'un point de vue cardio-vasculaire car plus riches en acides gras saturés. À noter que l'huile de noix de coco, malgré une teneur élevée en acides gras saturés, présenterait un certain nombre de vertus comme entre autres la propriété de stimuler l'immunité contre les bactéries et les virus, et ce, grâce à la présence d'un acide gras, l'acide laurique.

LES HABITUDES FRANÇAISES

En France, l'huile la plus vendue est l'huile de tournesol. Elle représente, à elle seule, la moitié des volumes d'huile vendus. Pourtant, cette huile n'est pas très bien équilibrée car elle contient trop d'oméga-6 et pas assez d'oméga-3. Quant à l'huile d'olive, qui est la deuxième huile la mieux vendue, elle a une très bonne image « santé » auprès des consommateurs. Pourtant sa faible teneur en oméga-3 fait qu'elle ne doit pas être utilisée de façon exclusive. L'huile de colza qui contient des oméga-3 dont nous manquons doit également faire partie des huiles présentes dans notre cuisine.

Privilégier les matériaux « sûrs »

Les ustensiles que nous utilisons ne peuvent pas être dissociés des aliments et de la façon dont on les cuisine. Qu'ils s'agissent de conservation ou de cuisson des aliments, nous devons privilégier des matériaux qui ont une parfaite innocuité vis-à-vis de notre organisme. Faisons un état des lieux des matériaux potentiellement à risque.

← Les matières plastiques

Les emballages et les boîtes en plastique sont très utilisés dans l'agroalimentaire ce qui nous conduit à nous interroger sur la migration des composants du plastique vers l'aliment notamment lorsque nous les chauffons. Le « risque » est la migration de monomères résiduels ou d'adjuvants du contenant vers l'aliment. Il existe un nombre très important d'adjuvants qui permettent de donner aux matériaux les propriétés désirées.

On retrouve essentiellement cinq polymères (cinq plastiques) : le polyéthylène (PE), le polypropylène (PP), le polystyrène

(PS), le polychlorure de vinyle (PVC) et le polyéthylène téréphtalate (PET). Pour savoir de quel matériau sont constituées vos boîtes en plastique et quel usage vous pouvez en faire, il suffit de les retourner. Vous aurez accès à quelques informations utiles sous forme de pictogrammes généralement explicites : nature du plastique ? Le contenant passe-t-il au lave-vaisselle ? Va-t-il au four à micro-ondes ?

Au contact des matières plastiques, certains aliments, comme les aliments gras, peuvent devenir eux-mêmes une source de contamination. En effet, certains consti-

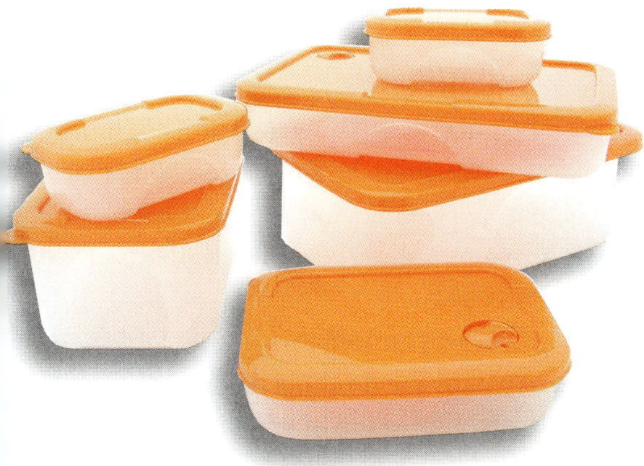

Les plastiques et leurs utilisations

1 PET — PET : utilisé pour les bouteilles d'eau minérale et de jus de fruits, les emballages jetables…

2 HDPE — HDPE (polyéthylène haute densité) : utilisé pour les bouteilles de lait, les bouchons vissés…

3 PVC — PVC : utilisé pour les boîtes alimentaires, les bouteilles d'eau minérale, les films alimentaires…

4 LDPE — LDPE (polyéthylène basse densité) : utilisé pour les barquettes, les films alimentaires, les sacs congélation…

5 PP — PP : utilisé pour les barquettes de beurre pots de yaourts, les boîtes plastiques alimentaires, les biberons…

6 PS — PS : utilisé pour les couverts et verres en plastique, les pots de yaourts, les emballages pour les œufs…

7 OTHER — Other (autre) : tout ce qu'on ne retrouve pas dans les 6 premières catégories : les bouteilles de ketchup, les biberons, les gourdes…

tuants des aliments peuvent être transférés au plastique et modifier sa structure activant ainsi la migration du contenant vers le contenu. Sur certaines boîtes en plastique, il est d'ailleurs inscrit que l'utilisation d'huiles et de corps gras est à proscrire.

Outre la nature de l'aliment au contact du plastique, parmi les paramètres qui influencent les migrations d'additifs, il y a la durée et la température de stockage.

L'Institute For Agriculture and Trade Policy a publié un guide intitulé "*Smart Plastics Guide*" dans lequel on retrouve les recommandations suivantes.

- Pour les usages alimentaires, il faut éviter les plastiques des catégories 3 (PVC), 6 (PS) et 7 (autres plastiques dont le polycarbonate qui contient du bisphénol A).
- Les choix les plus « sûrs » sont les plastiques des catégories 1, 2, 4 et 5.
- D'une manière générale, il vaut mieux éviter d'utiliser des contenants en plastiques au four à micro-ondes même si le pictogramme « va au four à micro-ondes » est présent.
- Évitez de passer les films alimentaires en plastique au four à micro-ondes et si vous les utilisez, ne les mettez pas en contact avec les aliments.

Enfin si vous souhaitez congeler des aliments, il existe des récipients en verre conçus pour passer du congélateur au four à micro-ondes (par exemple, la gamme Frigoverre de chez Bormioli Rocco). On peut donc se passer des boîtes et des sacs congélation en plastique. Toutefois, si vous voulez congeler dans des boîtes ou sacs en plastique, attendez que les aliments soient froids pour les mettre dans les boîtes ou sacs en plastique et changez-les de récipients avant de les faire réchauffer.

← Sans bisphénol A

Le bisphénol A (BPA) est utilisé comme monomère pour la fabrication industrielle par polymérisation de plastiques durs transparents de type polycarbonate et de résines époxy.

Les polycarbonates sont très largement utilisés dans des produits de consommation courants non alimentaires et alimentaires depuis les lunettes de soleil et les CD jusqu'aux récipients pour l'eau et la nourriture. En France, en 2008, ils sont présents dans 90 % des biberons. Les résines époxy, quant à elles, sont utilisées en couches protectrices dans les boîtes de conserve métalliques pour aliments et boissons.

On peut aussi rencontrer du BPA dans d'autres plastiques que les polycarbonates : comme le polychlorure de vinyle (PVC), et le polyéthylène téréphthalate (PET), employé dans la fabrication de bouteilles de soda et de bouteilles d'eau.

Or, on sait que du BPA peut migrer depuis les biberons et les emballages alimentaires et passer dans l'aliment puis dans le sang. Le passage du BPA dans les aliments à partir de plastiques ou de revêtements à base de résine époxy dépend du type d'aliment, de boisson, de la température et de la durée de chauffe. Le bisphénol A peut se loger dans les récepteurs hormonaux des œstrogènes et perturber le système hormonal. Le BPA agit comme un perturbateur endocrinien et est impliqué dans des affections variées comme les problèmes de reproduction, l'obésité, les cancers du sein et de la prostate, le diabète, les dysfonctionnements thyroïdiens et les problèmes d'attention chez les enfants. L'exposition en bas âge peut augmenter une prédisposition aux cancers en affectant la programmation génétique du développement des individus.

Le Canada a été le premier à prendre des mesures radicales concernant le BPA : l'interdiction pure et simple de son utilisation pour la fabrication des biberons. En France, le ministère de la Santé a tout d'abord estimé que le principe de précaution n'avait pas de raison d'être appliqué.

CE QUE MONTRENT LES ÉTUDES

Les études scientifiques réalisées sur notre exposition au BPA et sur les effets qui en résultent sont souvent contradictoires. Le financement de certaines études par l'industrie plastique n'y est certainement pas étranger.

Nous pouvons toutefois rapporter les résultats d'une étude qui s'est intéressée à l'évolution de la quantité de BPA dans l'organisme lorsqu'on consomme de l'eau en bouteille plastique. Pour cette étude, 77 étudiants de Harvard ont été recrutés. Dans un premier temps, pour diminuer leur exposition au BPA, on leur a demandé de ne pas boire d'eau minérale en bouteille pendant sept jours. À la fin de cette semaine, on a mesuré le taux de BPA dans leurs urines et on l'a comparé avec le taux obtenu après une autre semaine où les étudiants ont bu à partir de bouteilles en plastique. Les résultats sont éloquents : après une semaine passée à boire de l'eau dans des bouteilles en plastique, la concentration de BPA dans l'urine a augmenté de 70 %.

Ces résultats confirment que le BPA contenu dans le plastique migre dans l'eau et passe ensuite dans l'organisme. Rappelons aussi que l'étude portait sur les boissons froides. Or il est connu que la chaleur augmente encore plus le passage du BPA du récipient vers l'aliment, donc au final vers notre organisme.

DES BIBERONS AU BPA

Les crèches parisiennes ont choisi de ne plus utiliser de biberons contenant du BPA. Chaque personne est libre de faire ce choix ou non pour ses propres enfants. Il existe de nombreux biberons qui aujourd'hui vantent leur matériel « sans bisphénol A ».

En février 2010, l'AFSSA (Agence française de sécurité sanitaire des aliments) a publié un nouveau rapport. Les récentes études sur les effets toxiques du bisphénol A

(BPA) ne mettent pas en évidence d'effet néfaste sur la santé. Elles comportent toutefois des « éléments nouveaux » et des « signaux d'alerte » qu'il faudra approfondir. Cependant, aucune étude aujourd'hui ne permet d'affirmer un lien entre l'utilisation des biberons en polycarbonate dans des conditions normales d'utilisation et une augmentation des risques liés au BPA.

Comment repérer le BPA

Pour savoir si vos récipients sont en polycarbonate (plastique qui renferme du BPA), vérifiez si le chiffre 7 est inscrit au centre du symbole de recyclage (appelé ruban de Möbius) au dos de vos contenants. Bien que le chiffre 7 représente une catégorie générale pouvant correspondre à plusieurs plastiques, s'il est accompagné des lettres PC, il s'agit bel et bien de polycarbonate.

En mars 2010, le Sénat a adopté une proposition visant à suspendre la commercialisation des biberons contenant du bisphénol A. À l'origine, la proposition visait à interdire le bisphénol A dans tous les plastiques alimentaires, mais un amendement l'a finalement limité à une suspension de la commercialisation des biberons.

Pour le professeur Jean-François Narbonne, professeur de toxicologie à l'université de Bordeaux, expert à l'Afssa et membre du comité scientifique de La-Nutrition.fr, focaliser toute la question du bisphénol A sur les biberons est une erreur. « *Cette polémique est excessive. Le bisphénol A est en effet retrouvé dans les biberons, mais ce n'est pas par cet intermédiaire que le bébé est le plus exposé au bisphénol A.* »

Pour ce spécialiste, le problème se situe surtout au niveau des boîtes de conserve dont le revêtement intérieur contient du bisphénol A. La boîte de lait artificiel serait en réalité beaucoup plus préoccupante que le biberon dans lequel vous mettez le lait.

Le revêtement des boîtes de conserve pose d'autant plus problème que c'est par cet intermédiaire que les mamans et futures mamans sont exposées au bisphénol A. « *Et c'est avant tout par l'intermédiaire de la mère que l'enfant est exposé au bisphénol A : in utero, durant la gestation, mais également lors de l'allaitement, et là le biberon n'intervient pas !* »

Le ministre de la Santé, Roselyne Bachelot, se disant « plutôt favorable » à l'amendement, a cependant émis des réserves, soulignant notamment le fait que l'innocuité des substituts du bisphénol A n'a pas été suffisamment étudiée. Ce que confirme le professeur Jean-François Narbonne. Selon lui, « *avant d'interdire une substance, il faut savoir par quoi on la remplace. Nous ne savons pas si les plastiques utilisés en remplacement sont moins toxiques* ».

En juin 2010, un vote à l'Assemblée nationale a interdit purement et simplement l'utilisation de bisphénol A dans la fabrication des biberons mais cette interdiction n'est pas étendue à l'ensemble des plastiques alimentaires alors que dans d'autres pays comme le Canada, le Danemark ou le Costa Rica, l'interdiction est totale.

Notre conseil : si vous n'avez pas jeté vos anciens biberons, évitez de faire chauffer du liquide à l'intérieur ou de verser du liquide déjà chaud. Et dès que le plastique du biberon vous semble rayé ou opaque, n'hésitez pas à remplacer vos biberons.

← Les phtalates

Les phtalates sont des plastifiants, c'est-à-dire des substances qui permettent de rendre un matériau – le plus souvent un plastique – flexible et malléable. Ils sont essentiellement ajoutés au polychlorure de vinyle (PVC) pour le rendre souple et flexible. Les phtalates les plus couramment utilisés sont :

- le DEHP (Di(2-éthylhexyl) phtalate), qui possède le potentiel toxique le plus élevé,
- le BBP (Butyl-benzyl-phtalate),
- le DBP (Di-butyl-phtalate),
- le DEP (Di-éthyl-phtalate),
- le DINP (Di-isononyl-phtalate).

Les phtalates sont présents partout dans notre environnement et sont fabriqués à raison de 3 millions de tonnes par an dans le monde. Ils sont utilisés, par exemple, dans la fabrication de matériel médical, de jouets en plastique pour enfants et de certains emballages alimentaires. Bien que biodégradables, ils sont également hydrophobes, ce qui leur permet de passer dans les sédiments où ils peuvent persister plus longtemps. On les trouve également dans des aliments riches en graisse (lait, fromage, viandes…) en raison de la migration des phtalates de l'emballage vers l'aliment. Leur omniprésence fait qu'il est difficile d'évaluer notre exposition à ces composés. Cependant, sachez que nous sommes exposés aux phtalates par inhalation, par contact ou par ingestion.

L'exposition environnementale aux phtalates peut provenir du contact direct avec l'air, l'eau ou encore la nourriture. La libération des phtalates est possible en raison du faible lien de ces composés aux plastiques et matériaux auxquels ils ont été incorporés. Les phtalates peuvent migrer à partir des produits qui les renferment (emballages alimentaires par exemple). Plusieurs études ont montré leur présence dans divers produits alimentaires, dans l'air et dans les poussières domestiques.

L'ingestion d'aliments ayant été en contact avec des emballages contenant des phtalates demeure la principale source d'exposition pour la population générale. En ce qui concerne le phtalate DEHP, la contribution de la voie alimentaire s'élèverait à 90 % de l'exposition totale. Il faut noter que les enfants sont d'autant plus exposés qu'ils portent souvent à leur bouche des jouets en plastique contenant des phtalates.

Les principales inquiétudes au sujet des phtalates concernent leurs effets néfastes sur la fertilité (diminution de la mobilité des spermatozoïdes) et sur le développement fœtal (augmentation du risque de cryptorchidie, diminution de la distance ano-génitale…).

● À RETENIR

Évitez d'utiliser le plastique en cuisine chaque fois que cela est possible sinon vérifiez bien à quelle catégorie appartient votre récipient ou votre emballage en plastique et fuyez absolument le PVC, le polystyrène et les polycarbonates.

← Les résines fluorocarbonées (composés perfluorés)

Parmi ces composés au nom un peu barbares, se cache un autre nom bien plus connu du grand public : **le Teflon** (ou polytetrafluoroéthylène ou PTFE) qui est une marque déposée par la société DuPont de Nemours. Utilisé comme revêtement dans des poêles ou autres ustensiles de cuisine, il permet de ne pas utiliser de matière grasse ou très peu grâce à ses propriétés antiadhésives. **L'acide perfluorooctanique** (PFOA), quant à lui, est utilisé pour la fabrication du Teflon, comme aide à la polymérisation du PTFE, et a déjà fait l'objet de controverses. Il est à l'origine d'une contamination environnementale avérée car il ne se décompose pas et est donc persistant dans l'environnement. Des concentrations élevées de PFOA ont été mesurées à proximité de régions industrialisées et urbanisées. Des concentrations de PFOA allant jusqu'à 67 µg/l et 3 200 µg/l ont été analysées dans des effluents de rejets et de décharges. Dans des échantillons d'eaux

naturelles (rivières, lacs, eau de pluie), la concentration maximale déterminée de PFOA a été de 11,3 µg/l. Une action en justice, menée par 60 000 habitants résidant près d'usines américaines du groupe Dupont, a condamné la société à verser 345 millions de dollars pour les dédommager et l'obliger à stopper l'émission de PFOA dans l'eau et le sol. En effet, leur eau potable était contaminée par les effluents de l'usine.

On en vient donc à se poser une question : qu'en est-il de nos poêles en Teflon ? Y a-t-il danger pour la santé humaine ? Vu les données actuelles, il est difficile de répondre de façon catégorique à cette question.

Le PFOA a fait l'objet de nombreuses études : la Norvège par exemple l'a classé comme composé toxique avec risques pendant la grossesse d'effets néfastes pour l'enfant, nocif par inhalation et par ingestion, risques d'effets graves pour la santé en cas d'exposition prolongée par ingestion. En février 2008, l'Agence Européenne de Sécurité Sanitaire des Aliments a déterminé une dose journalière tolérable de 1,5 µg/kg de poids corporel par jour sur la base d'effets toxiques hépatiques. Or, compte tenu des valeurs maximales de migration théorique du PFOA du revêtement antiadhésif vers l'aliment, les doses auxquelles nous sommes soumis *via* notre alimentation sont bien en deçà de ces limites.

À partir de ces éléments et en considérant que le PFOA n'est pas génotoxique et que le mécanisme de cancérogénèse mis en évidence chez les rongeurs n'est pas extrapolable à l'homme, l'AFSSA considère

que le risque pour la santé des consommateurs peut être considéré comme négligeable.

← Aluminium

L'aluminium est un métal léger, bon conducteur de chaleur et relativement peu coûteux, ce qui en fait un matériau de choix dans la cuisine, que ce soit pour la cuisson ou l'emballage des denrées alimentaires. Cependant, il est connu que l'aluminium peut migrer du contenant vers l'aliment, et ce d'autant plus que celui-ci est acide. Certains chercheurs ont associé l'aluminium à la maladie d'Alzheimer mais cela n'a pas été clairement démontré. Selon l'Organisation Mondiale de la Santé, un adulte peut absorber sans danger plus de 50 mg d'aluminium chaque jour, une dose qui est tout de même loin de ce que nous ingérons.

Pendant la cuisson, l'aluminium se dissout plus facilement si le contenant est usé ou abîmé. L'aliment absorbera plus d'aluminium s'il est cuit ou conservé longtemps dans ce même contenant. Légumes feuillus et aliments acides, tels que tomates et agrumes, absorbent plus facilement l'aluminium.

• À RETENIR

Retirez l'aluminium de votre cuisine dans la mesure où il existe des alternatives : les récipients en verre voire en plastique pour la congélation ou le papier sulfurisé pour les papillotes.

Limiter les risques d'intoxication alimentaire

Si elle permet d'apporter des arômes et des saveurs aux aliments que nous mangeons, la cuisson est également un garant de l'hygiène alimentaire car elle permet la destruction de micro-organismes présents dans les aliments et responsables d'un certain nombre de toxi-infections alimentaires (TIA). La cuisson des aliments est aussi un moyen de conserver plus longtemps les aliments.

●●● Les toxi-infections alimentaires sont le plus souvent liées à des bactéries qui agissent directement ou par l'intermédiaire de toxines. Le déclenchement d'une toxi-infection alimentaire dépend moins de la nature de l'aliment que des conditions dans lesquelles il a été récolté, préparé et conservé. D'où l'importance de respecter quelques règles d'hygiène simples tant dans l'industrie agroalimentaire que dans la cuisine familiale.

Parmi les micro-organismes, si certains peuvent être utiles comme ceux qui transforment le lait en yaourt (bifidus), d'autres sont nuisibles car ils dégradent l'aliment. Enfin, certains sont pathogènes car ils peuvent nous rendre malades. Généralement, la cuisson à des températures suffisantes (70 °C pour le bœuf haché, 74 °C pour les volailles) permet de détruire les bactéries présentes mais si celles-ci se trouvent sous forme de spores – forme de résistance adoptée par les bactéries pour résister aux agressions extérieures – il faut appliquer des températures supérieures à 100 °C.

← Les salmonelles *(Salmonella)*

La plupart des salmonelles (*Salmonella*) sont des parasites intestinaux des animaux vertébrés et des oiseaux transmis à l'homme par le biais d'aliments contaminés, essentiellement la viande – et particulièrement les volailles –, produits carnés, œufs et produits laitiers. Les bactéries du genre *Salmonella* provoquent des toxi-infections

alimentaires qui se manifestent par de la fièvre, des diarrhées, des vomissements et des douleurs abdominales. La salmonellose peut nécessiter une hospitalisation et, dans certains cas, peut même entraîner la mort. Il est donc nécessaire de s'en prémunir.

La meilleure protection contre le risque de salmonellose est une bonne cuisson des aliments, en particulier des viandes, à au moins 65 °C pendant cinq à six minutes. Si vous consommez un steak haché surgelé, ne le décongelez pas avant cuisson car cela augmente le risque de multiplication bactérienne. Le froid bloque le développement bactérien mais ne tue pas les bactéries.

Le staphylocoque doré (*Staphylococcus aureus*)

Le staphylocoque doré (*staphylococcus aureus*) est une bactérie. Elle est au deuxième rang des bactéries responsables d'intoxications alimentaires en France, après les salmonelles. Elle agit par l'intermédiaire d'une toxine staphylococcique et provoque des vomissements violents et répétés, souvent accompagnés de diarrhées. Le malade guérit généralement en un à deux jours sans séquelles.

La cuisson détruit le micro-organisme. Mais malheureusement elle n'a aucune action sur la toxine. En conséquence, si le staphylocoque doré est déjà présent dans un aliment ou s'il a involontairement été ajouté au cours de la préparation, il faut à absolument éviter qu'il se multiplie avant de consommer l'aliment.

Cela nécessite de respecter rigoureusement la chaîne du froid depuis la préparation jusqu'à la consommation de l'aliment, et d'éviter de laisser les plats les plus fragiles (poissons, laitages, viandes, coquillages, patisseries…) à température ambiante car cela favorise la multiplication des bactéries.

Campylobacter jejuni

Cette bactérie vit dans le tube digestif des oiseaux et constitue une cause importante d'intoxication alimentaire. La contamination se fait principalement par la consommation de viande de volaille peu cuite. Même si la contamination indirecte est prépondérante (eaux souillées, lait de vache non pasteurisé, viandes, notamment volailles), les animaux de compagnie représentent une source importante d'infection directe. Les enfants en particulier peuvent être contaminés par les chiots ou les chatons.

La bactérie est responsable de diarrhée aiguë fébrile, de vomissements et de douleurs abdominales. Un moyen de prévention est un bon niveau d'hygiène et une cuisson suffisante des viandes de volailles. Il est important de se rappeler que la destruction de *Campylobacter jejuni* sur la viande est assurée lors d'une cuisson à une température de 74 °C pendant une minute.

← Escherichia coli

Escherichia coli (E. coli) est une bactérie fréquente du tube digestif de l'homme et des animaux à sang chaud. La plupart des souches de *E. coli* sont sans danger. Cependant, certaines souches, comme les souches entérohémorragiques (ECEH), peuvent être à l'origine de toxi-infections alimentaires graves. Les symptômes des maladies provoquées par ECEH sont notamment des crampes abdominales et des diarrhées susceptibles d'évoluer vers des diarrhées sanglantes (colite hémorragique). La fièvre et les vomissements peuvent également s'observer. La transmission à l'homme se fait par la consommation d'aliments contaminés, viande hachée crue ou mal cuite et lait cru par exemple. La maladie provoquée par *E. coli* est également appelée la « maladie du hamburger ». La cuisson détruit les souches entérohémorragiques quand toutes les parties de l'aliment atteignent au moins 70 °C.

← Listeria monocytogène

Cette bactérie est à l'origine de la listériose, une maladie particulièrement grave chez les sujets fragiles (enfants, femmes enceintes, personnes âgées) car elle peut provoquer des méningites et des septicémies ainsi que des avortements spontanés chez la femme enceinte. Les aliments à risque sont soit des aliments sans cuisson (les fromages au lait cru, les poissons fumés, les coquillages crus, surimi, tarama…), soit des aliments préparés pouvant être contaminés lors de leur préparation (la charcuterie : les rillettes, pâtés, foie gras, produits en gelée…).

Cette bactérie résiste au froid mais est sensible à la chaleur. Voici quelques règles simples pour diminuer les risques de contamination.

- Cuire soigneusement les aliments crus d'origine animale (viandes, poissons) ; en particulier le steak haché qui doit être cuit à cœur.
- Laver soigneusement les légumes crus et les herbes aromatiques.
- Conserver les aliments crus (viande, légumes, etc.) séparément des aliments cuits ou prêts à être consommés.
- Après la manipulation d'aliments non cuits, se laver les mains et nettoyer les ustensiles de cuisine qui ont été en contact avec ces aliments.
- Nettoyer fréquemment votre réfrigérateur avec du vinaigre d'alcool blanc dilué.
- Réchauffer soigneusement les restes alimentaires et les plats cuisinés et les consommer immédiatement (ne pas laisser des plats à température ambiante).
- Après ouverture, consommer rapidement les pots de mayonnaise.

Nettoyez bien vos ustensiles en bois

Les cuillères et planches à découper en bois ne doivent pas être placées au lave-vaisselle. Il faut les nettoyer très soigneusement après utilisation avec de l'eau chaude savonneuse pour déloger tous les résidus d'aliments. Elles sont souvent fabriquées en hêtre et ont tendance à s'abîmer, se fendiller et se déformer avec le temps. Pour remédier à cela, le bambou qui est un bois plus dur et plus résistant que le hêtre est une bonne solution. Il n'absorbe pas l'humidité et est plus facile à nettoyer.

2

Les grandes règles de la conservation

Quelques conseils de conservation à la maison

Une bonne conservation permet à la fois d'empêcher le développement de micro-organismes et en même temps de ralentir l'oxydation des graisses qui provoquent le rancissement. Suivez le guide...

●●● Généralement, les recommandations de conservation sont indiquées sur les emballages des produits : on y trouve la température de conservation et la DLUO (Date Limite d'Utilisation Optimale) ou la DLC (Date Limite de Consommation) (lire encadré ci-contre). Les aliments que vous achetez ont déjà subi des traitements pour permettre une conservation plus longue. Il s'agit soit de traitements par la chaleur (pasteurisation, stérilisation, appertisation), soit par le froid (surgélation, congélation, réfrigération) ou par d'autres moyens comme par exemple la mise sous vide, la lyophilisation, le fumage... Ces traitements préservent la comestibilité des produits et maintiennent leurs propriétés gustatives et nutritives.

Règles pour les aliments de base

CONSERVER LES LÉGUMES FRAIS

Pour ralentir la perte en vitamines, il est préférable de conserver les légumes au frais. Car on sait que la vitamine C par exemple se dégrade à température ambiante. En revanche, les pommes de terre, excepté les pommes de terre nouvelles, ne doivent pas être placées au réfrigérateur car elles risquent de noircir. Le mieux est de les garder dans un endroit frais et sombre (comme une cave par exemple).

Pas plus de trois jours au réfrigérateur

Il faut savoir que la perte en vitamines intervient très rapidement. Le mieux est de consommer vos fruits et légumes frais très rapidement après l'achat et d'éviter de dépasser trois jours de conservation car, passé ce délai, les teneurs en vitamines et minéraux ne sont plus optimales. Si vous ne comptez pas consommer rapidement vos légumes, préférez les légumes surgelés : ils sont une très bonne alternative.

DLC et DLUO

La Date Limite de Consommation est indiquée sur des produits dits sensibles comme la viande, les laitages, les plats cuisinés et est précédée de la mention « *à consommer avant le...* ». Passée cette date, les produits sont impropres à la consommation.

La Date Limite d'Utilisation Optimale est quant à elle généralement précédée de la mention « *à consommer de préférence avant le...* » ou « *à consommer de préférence avant fin...* ». Elle concerne les produits d'épicerie, les conserves, les boissons. Après la DLUO, les produits peuvent encore être consommés mais leurs propriétés gustatives et nutritionnelles ne sont plus garanties.

CONSERVER LES VIANDES

Pour les viandes, celles achetées chez le boucher peuvent généralement être conservées trois ou quatre jours au réfrigérateur dans le papier fourni par votre boucher à l'exception de la viande de bœuf hachée qui doit être consommée dans la journée.

Les viandes achetées emballées au supermarché sont généralement sous atmosphère protectrice, mieux vaut donc ne pas les retirer de leur emballage pour que la date limite de consommation indiquée par le fabricant soit toujours valable.

CONSERVER L'HUILE

Les huiles sont très sensibles à l'oxydation, à la lumière et à la chaleur, elles ont tendance à rancir. Il est très important de les conserver à l'abri de l'air et de la lumière. Elles sont souvent conditionnées dans des bouteilles opaques, mieux vaut donc les conserver dans leur bouteille d'origine. Le mieux est de conserver l'huile au réfrigérateur car elle se dégrade plus vite à température ambiante. Les huiles les plus fragiles sont les huiles de soja, noix, tournesol, maïs, colza.

CONSERVER LES HERBES FRAÎCHES

Vous pouvez conserver vos herbes fraîches en les roulant dans du papier essuie-tout préalablement mouillé et en les plaçant ensuite dans un récipient au réfrigérateur.

Pour le basilic, mixez-le dans de l'huile d'olive et placez-le au réfrigérateur.

Pour le thym, il se conserve une semaine au frais. Passé ce délai, faites-le sécher dans votre cuisine.

Vous pouvez également choisir de congeler vos herbes aromatiques mais sachez qu'il en existe des flacons tout prêts vendus au rayon des produits surgelés. Et leur goût est bien mieux préservé que sous forme déshydratée.

CONSERVER LES LÉGUMES SECS

Les légumes secs – haricots blancs, haricots de couleur (flageolets verts, haricots rouges), lentilles, pois cassés, pois chiches – sont une des meilleures sources végétales en acide folique. Ils doivent être conservés dans un endroit frais, sec et à l'abri de la lumière, dans des bocaux en verre par exemple. Ainsi, vous pourrez les conserver pendant une année. Avant la cuisson, certains légumes secs doivent passer par l'étape de trempage qui dure plusieurs heures.

Pour éviter les ballonnements, vous pouvez ajouter à l'eau de cuisson du romarin, de la sauge ou du fenouil.

CONSERVER LES ÉPICES

Le plus important est de les conserver à l'abri de l'humidité qui est leur pire ennemie. N'introduisez pas une pointe de couteau humide et ne les exposez pas à la vapeur qui pourrait s'échapper de votre casserole ou votre faitout.

Les épices sont sensibles à la lumière, à l'air et à la chaleur, donc ne les stockez pas sur une étagère au-dessus de vos plaques de cuissons ou à côté de votre four. Choisissez de les mettre dans un placard ou d'enrouler les flacons avec un papier d'aluminium.

Si vous le pouvez, achetez les épices entières (poivre, noix de muscade...) à moudre au dernier moment, c'est bien plus savoureux.

← Prenez soin de votre frigo

Le réfrigérateur conserve les aliments à une température basse, en général de 0 °C à + 4 °C. À ces températures, la vitesse de développement des micro-organismes contenus dans les aliments est ralentie.

Les aliments comme les yaourts, le lait lorsqu'il est ouvert, le beurre, la viande, etc. doivent être placés au réfrigérateur pour assurer leur conservation à court ou moyen terme.

Il est très important de respecter la chaîne du froid et, après les courses, replacer le plus rapidement possible les aliments au frais.

De la même manière, pensez à vérifier la température de votre réfrigérateur et nettoyez-le correctement au moins une fois par semaine. Évidemment, le froid ne détruit pas les micro-organismes ; la réfrigération s'applique donc à des aliments initialement sains !

Pour optimiser votre appareil, il faut respecter un ordre de rangement en fonction des zones de températures du réfri-

gérateur. Souvent la température n'est pas identique partout, c'est le cas dans les réfrigérateurs sans froid ventilé.

- Les aliments les plus fragiles se placent dans **la zone froide** (0 à 3 °C) qui se situe en général en haut du réfrigérateur. Mais pensez à vérifier sur la notice d'utilisation l'emplacement de cette zone la plus froide car elle peut se situer ailleurs. Dans cette zone, vous devez conserver les viandes et poissons crus, les fromages au lait cru, les produits frais entamés, les crustacés...
- **La zone fraîche** (située en général sous la zone froide) dont la température est comprise entre 4 et 6 °C environ, doit accueillir les produits laitiers, les crèmes dessert, les viandes et poissons cuits.
- **La zone tempérée** (de 6 °C à 8 °C) reçoit les fromages à pâtes cuites, les fruits et légumes frais (un bac est généralement réservé aux végétaux).
- Enfin, dans **la porte**, vous placerez vos boissons, les confitures entamées, les condiments, les œufs, le beurre. La température y est d'environ 8 °C.

Pour que la réfrigération et la conservation soient optimisées, un certain nombre d'habitudes doivent être prises :

- Enlever les emballages carton qui sont autour des yaourts.

- Isoler les produits les uns des autres en les enfermant dans des boîtes hermétiques ou en les couvrant avec du film alimentaire.
- Éviter d'ouvrir trop souvent et trop longtemps la porte du réfrigérateur. Il est important de trier ses courses sur une table avant de les ranger.
- Placer à portée de main les aliments qui périment en premier afin d'éviter de retrouver au fond du réfrigérateur un aliment dont la date limite de consommation est dépassée. Attention, la date de péremption n'est valable que si le produit n'est pas entamé !
- Ne pas surcharger votre réfrigérateur afin d'optimiser son fonctionnement et d'éviter que des aliments ne se touchent.

- Dégivrez régulièrement votre réfrigérateur et nettoyez-le avec du vinaigre blanc dilué.

Les bonnes pratiques de congélation

La congélation permet de stocker les aliments à une température négative de – 18 °C. Elle permet de conserver les aliments plus longtemps que la réfrigération car elle stoppe (ou ralentit considérablement) les activités enzymatique et microbienne. Il existe une différence entre surgélation et congélation. La surgélation correspond à un refroidissement très rapide de l'aliment (jusqu'à – 35 °C) et est utilisée dans l'industrie agroalimentaire. Un tel refroidissement n'est pas possible à la maison. On parle plutôt de congélation qui se fait de manière plus lente. La surgélation industrielle permet d'abaisser très rapidement la température au cœur du produit, ce qui évite de l'endommager lors de la décongélation. En effet, la congélation qui se fait à la maison de manière lente a tendance à transformer l'eau de l'aliment en grands cristaux susceptibles d'abîmer le tissu des aliments et de provoquer l'écoulement de l'eau lors de la décongélation.

Vous pouvez à peu près congeler tous les aliments mais, comme pour les surgelés du commerce, la congélation maison doit se faire sur les produits les plus frais possible.

LES LÉGUMES

Pour congeler les légumes, il faut les blanchir trois à dix minutes dans l'eau bouillante non salée, puis les placer dans de l'eau très froide. Enfin, il faut les égoutter, les sécher et les placer dans un sac à congélation hermétique. Les légumes peuvent, selon leur nature, être conservés six à neuf mois.

LES FRUITS

Généralement, les fruits congelés ont une consistance plutôt molle après la décongélation, c'est pourquoi ils sont le plus souvent utilisés pour la confection de tartes ou de desserts.

Pour congeler des fruits comme les abricots, les pêches, les nectarines, nettoyez-les et retirez le noyau.

Pour des fruits comme les framboises, les fraises, les mûres, mieux vaut les placer sur une plaque au congélateur pendant trente minutes, voire une heure selon leur taille, avant de les stocker dans un sac à congélation, ceci afin qu'ils durcissent et ne s'écrasent pas.

Les pommes et les poires supporteront mieux une congélation si elles sont sous forme de compote.

Les fruits congelés se conservent presqu'un an au congélateur.

LA VIANDE

La viande peut être congelée mais faites-le rapidement après l'achat. Elle se conserve entre huit et dix mois.

Plus la viande est grasse, moins elle se conserve longtemps car la graisse animale rancit rapidement.

Enfin, évitez de congeler vous-même de la viande hachée crue.

LE POISSON

Les filets de poisson peuvent être congelés tels quels et se conservent quatre à six mois.

LE PAIN

Si vous congelez du pain, il faut veiller à ce qu'il soit le plus frais possible pour qu'après décongélation, il conserve une certaine qualité.

Ensuite, sachez que si vous le décongelez au four à micro-ondes, il sera complètement mou et élastique et donc pas très agréable à manger.

Si c'est au four classique que vous le décongelez, il sera chaud et croustillant mais deviendra rapidement dur.

Enfin, si vous le laissez décongeler à température ambiante – si c'est une baguette cela prendra peu de temps – il sera plutôt identique à votre pain frais.

Faites LE BON CHOIX

Vous pouvez congeler vos aliments dans des sacs à congélation ou des boîtes en plastique hermétiques (en polypropylène ou polyéthylène), mais pensez, le cas échéant, à les sortir de leur contenant avant de les faire réchauffer. Vous pouvez, dans l'idéal, opter pour des boîtes à congélation en verre mais celles-ci ne sont pas majoritaires sur le marché.

3

Les différents modes de cuisson

Comment optimiser la cuisson de vos aliments

Pour faire cuire nos aliments, nous avons de nombreuses possibilités. Notre préférence va souvent à la rapidité mais choisissons-nous toujours la méthode de cuisson la plus saine ?

●●● Lorsque l'on fait cuire les aliments, on se retrouve face à un dilemme : d'un côté nous cuisons nos aliments pour les rendre comestibles, pour faciliter l'assimilation de certains nutriments et pour leur donner le goût nécessaire à notre plaisir gustatif. Par ailleurs, nous voulons éviter de trop chauffer ces mêmes aliments pour ne pas perdre les nutriments essentiels et ne pas générer de produits toxiques comme les produits de Maillard (acrylamide, carboxyméthyllysine, amines hétérocycliques...) (lire page 47).

Toute cuisson provoque inévitablement la perte de vitamines. La vitamine C, particulièrement fragile, peut être totalement détruite en cas de cuisson prolongée. Les folates (vitamine B9) sont également très sensibles à la cuisson, tout comme la thiamine (vitamine B1) que l'on trouve plutôt dans les céréales (pâtes, riz). La vitamine B6 de la viande est également affectée. Nous devons donc choisir un mode de cuisson qui limite ces pertes et qui en même temps limite la formation de produits de Maillard.

La cuisson à la vapeur douce

La vapeur douce permet de cuire sans dépasser les 100 °C et permet de conserver le goût initial des aliments. Elle présente l'avantage de minimiser la perte par diffusion en vitamines et minéraux et permet de créer un environnement humide qui ne favorise pas la formation de composés de Maillard. Ce mode de cuisson évite l'utilisation de matières grasses, ce qui permet une cuisine diététique.

Quels aliments ?

Pratiquement tous : les légumes, les viandes, les poissons, les céréales (blé, orge, quinoa), les légumineuses (flageolets, pois chiches, fèves, lentilles…), les fruits.

La cuisson bénéfique pour les tomates

Si la cuisson est l'ennemie de certaines vitamines, elle est parfois bénéfique pour certains aliments. C'est le cas de la tomate. En effet, la tomate est riche en lycopène, un antioxydant qui est mieux absorbé lorsque les aliments sont cuits. Ce dernier est présent dans l'enveloppe cellulaire de la tomate. À haute température, les parois de la cellule sont brisées et le lycopène est libéré.

Quels ustensiles ?

Les cuiseurs vapeur électriques, les faitouts en inox avec paniers à trous, le vitaliseur de Marion.

Les temps de cuisson sont variables : ils dépendent du type d'aliments cuits évidemment mais aussi de leur taille, de la cuisson recherchée (légumes croquants ou fondants). Le temps de cuisson des céréales et des légumineuses varie aussi en fonction du trempage qui prédède la cuisson.

La viande rouge cuite à la vapeur a une couleur grise à laquelle nous ne sommes pas forcément habitués. Pour l'éviter, il est possible de passer rapidement le morceau de viande dans une poêle légèrement huilée.

← La cuisson à la vapeur sous pression (cocotte-minute)

Les aliments cuisent à la vapeur à une pression supérieure à la pression atmosphérique, la température dépasse les 100 °C. Certes, cette température élevée est défavorable à la préservation des vitamines mais le temps de cuisson est plus court. De plus, certains modèles d'autocuiseurs (le Nutricook de SeB par exemple) sont capables d'évacuer 90 % de l'air dans l'ustensile, ce qui permet d'éviter une trop forte exposition des aliments à l'oxygène de l'air (ceci n'est pas possible dans un cuiseur vapeur). Or, l'oxygène est à l'origine de réactions indésirables dans nos aliments comme la dégradation de certaines vitamines et la peroxydation lipidique (lire page 58). En réagissant avec l'oxygène de l'air, les substances antioxydantes (vitamine C, vitamine E, polyphénols...) et les acides gras polyinsaturés perdent de leur intérêt nutritionnel car ils ne sont plus en mesure de jouer leur rôle protecteur. Ces réactions peuvent également générer, d'une part, des composés hautement réactifs qui vont attaquer les autres molécules et, d'autre part, des composés potentiellement toxiques.

Alors, oui, la température plus élevée détruit plus facilement les vitamines, mais le temps plus court et les systèmes de purge permettant d'éliminer l'oxygène présent dans l'autocuiseur sont en faveur de la préservation des vitamines et des composés sensibles à l'oxygène.

● **Quels aliments ?**

Les mêmes que pour le cuiseur vapeur : légumes, viandes, poissons, céréales…

● **Quels ustensiles ?**

Les autocuiseurs. Il en existe une grande variété, certains proposent des programmes qui s'adaptent au type d'aliments à cuire.

← La cuisson à l'étouffée

Les aliments cuisent dans leur propre jus, ce qui limite les pertes en minéraux essentiellement et en vitamines. Il faut cuire à température modérée et ne pas prolonger trop longtemps la cuisson pour ne pas détruire les vitamines sensibles à la chaleur. Les vitamines perdues par diffusion (qui sortent de l'aliment) sont consommées avec le jus de constitution des aliments.

● **Quels aliments ?**

Les légumes et les viandes.

● **Quels ustensiles ?**

Un faitout en inox, une cocotte en fonte avec un couvercle, certaines cocottes en céramique.

← La cuisson à l'eau

Immergés dans l'eau, les aliments voient leurs micronutriments (vitamines et minéraux) fuir par diffusion dans le liquide de cuisson. Ce mode de cuisson qui permet de ne pas ajouter de matières grasses est à réserver à la fabrication des soupes, puisque le liquide de cuisson est consommé.

● **Quels aliments ?**

Les légumes pour les soupes, les légumineuses, les céréales.

● **Quels ustensiles ?**

Une casserole en inox, un faitout en inox.

← La cuisson en milieu sec

C'est la cuisson au four ou à la poêle. Dans un environnement sec, la formation des composés de Maillard est forcément favorisée. Il n'y a qu'à regarder la croûte qui se forme sur un rôti de bœuf cuit au four ou regarder noircir un steak cuit à la poêle. Les températures atteintes peuvent être très élevées.

Pour la cuisson à la poêle, il est préférable d'ajouter un peu de matière grasse afin d'uniformiser la température sur toute la surface de l'aliment, ce qui évite la formation de zones de carbonisation qui contiennent des composés de Maillard.

Cuisson des viandes à la poêle

- Très saignante (bleue) : 1 à 2 minutes par face. À la pression d'une fourchette, la viande est molle. Surtout pour le bœuf.
- Saignante (2 à 3 minutes par face) : la viande est souple mais offre une certaine résistance. Pour le bœuf et l'agneau.
- À point (3 ou 4 minutes par face) : la viande résiste à la pression de la fourchette. Le centre est rosé. Pour le bœuf, l'agneau et le veau.
- Bien cuite (4 à 5 minutes par face) : pas de couleur rosée. Pour le porc.

Quels aliments ?

Les viandes en tranche (escalopes, steaks…) pour la poêle ou les rôtis au four. Mais dès que cela est possible, préférez toutefois une cuisson en milieu humide (à l'étouffée, à la vapeur…). Certains légumes peuvent également être cuits dans une poêle avec de l'huile d'olive par exemple.

Quels ustensiles ?

Poêles et plats à four.

← La cuisson au barbecue

Les aliments cuisent grâce à des braises obtenues en brûlant du bois ou du charbon de bois. Ce mode de cuisson est à utiliser très occasionnellement car il est propice à la formation de composés de Maillard.

Quels aliments ?

Les viandes, certains poissons, les légumes.

← La cuisson en papillote

C'est un moyen simple et diététique de cuisiner des plats savoureux. Comme dans la cuisson à l'étouffée, les aliments cuisent dans leur propre jus.

Quels aliments ?

Poissons, viandes, légumes, les fruits. Il est possible de composer un repas complet en mélangeant viande, légumes et aromates pour plus de saveurs.

Quels ustensiles ?

Du papier sulfurisé. Nous choisissons de ne pas utiliser de papier d'aluminium. Pour bien fermer votre papillote, vous pouvez utiliser de la ficelle.

4

Quels ustensiles pour cuisiner ?

Pas de bonnes cuissons sans bons ustensiles

Casseroles, poêles, faitouts, sauteuses... La panoplie d'ustensiles de cuisine qui s'offre à nous est presque aussi variée que les aliments que nous pouvons consommer. Quel doit être le critère de choix ?

●●● Le marché des ustensiles de cuisine se porte bien (lire encadré). Il surfe sur toutes les tendances : retour au fait maison, design, fonctionnalité, cuisson saine, écologie, durabilité... Si tous ces critères ont leur importance, nous nous attacherons essentiellement dans les pages qui suivent au critère de la **stabilité à la chaleur**. En effet, ces ustensiles sont fabriqués avec toutes sortes de matériaux dont l'innocuité est parfois remise en question notamment en raison de la migration possible de certaines substances depuis l'ustensile vers l'aliment. Ainsi, de temps en temps, nous entendons dire que tel matériau est potentiellement toxique ou cancérigène sans réellement savoir où se situe la vérité, d'autant que les industriels n'ont pas intérêt à dévoiler les

failles de leur gagne-pain. Rappelons toutefois que pour que la santé du consommateur soit soumise à un risque, plusieurs conditions doivent être réunies : une substance dangereuse doit être présente dans le matériau utilisé, puis cette substance doit avoir la capacité de migrer du matériau vers l'aliment, enfin le consommateur doit ingérer une quantité suffisante de ces aliments contaminés.

L'engouement pour une cuisine toujours plus saine a suscité des interrogations grandissantes sur la stabilité des matériaux utilisés pour les ustensiles de cuisson. Le consommateur veut comprendre chaque processus intervenant dans son alimentation et la façon dont il se nourrit. Il attend une transparence de la part des industriels, transparence difficile à obtenir compte tenu des enjeux économiques...

Dans les pages qui suivent nous vous proposons de faire le point sur ce qui est connu et démontré scientifiquement, ce qui est suspecté afin de vous aider à faire *Le Bon Choix* parmi la multitude d'ustensiles du marché.

Un marché qui se porte bien

En tête des ventes, les autocuiseurs et les moules. Le chiffre d'affaires des autocuiseurs représente 16 % du marché global (72 M d'€). Leaders sur ce créneau : SeB avec 78 % de part de marché, Sitram 14 % et Tefal 3 %. Les poêles, crêpières, casseroles, sauteuses, woks et faitouts représentent quant à eux 66 % du chiffre d'affaires, soit 291 M d'€. Tefal détient 46,7 % de part de marché, 26 % revenant aux marques de distributeurs.

(Source GFK 2009).

Une question de matériaux

Pour une cuisson réussie, il faut disposer d'un ustensile de cuisson approprié. Longtemps l'essentiel pour le consommateur était d'avoir une poêle qui n'attache pas et facile d'entretien. Aujourd'hui, il attend davantage…

Entre d'un côté les polémiques sur certains revêtements comme le Teflon et de l'autre, le souci permanent d'une cuisine saine, le consommateur veut bien plus que réussir la cuisson de ses aliments. Il souhaite et il exige même pour sa santé que les ustensiles qu'il achète soient sans danger. Et on le comprend ! Actuellement, les fabricants communiquent sur l'aspect « sain » et également écolo de leurs ustensiles de cuisine : « *sans PTFE* », « *sans PFOA* », « *réduction de l'émission de* CO_2 ». Mais à côté de cette gamme de produits respectueux de la santé et de l'environnement, on continue de trouver en magasin des gammes antiadhésives à base de PTFE… Alors, que faut-il en penser ? Nous verrons que les études sur ce type de revêtement ne sont pas nombreuses et qu'il est relativement difficile de savoir si le risque pour la santé est réel ou pas. Dans le doute, mieux vaut parfois s'abstenir et choisir des matériaux « sûrs ». Petit tour d'horizon.

← L'aluminium

C'est un matériau que nous déconseillons car une ingestion de petites quantités au long cours n'est certainement pas anodine. En effet, plusieurs études laissent penser que l'ingestion d'aluminium favorise sur le long terme la maladie d'Alzheimer. Les cellules du cerveau des patients atteints d'Alzheimer contiennent de dix à trente fois plus d'aluminium que la normale. Or

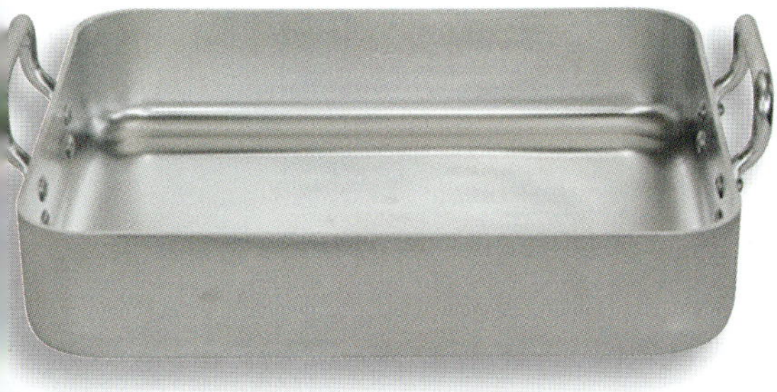

l'aluminium migre bien des ustensiles de cuisson vers les aliments d'autant plus que ceux-ci sont acides.

L'aluminium présente l'avantage d'être très léger et d'être un excellent conducteur de chaleur mais il n'est pas utilisable sur les plaques de cuisson à induction.

← Les revêtements antiadhésifs en PTFE (Teflon)

La stabilité de ces revêtements est aléatoire. Ils sont sensibles aux chocs, rayures, surchauffes, usures et écarts thermiques qui peuvent entraîner fissures et dégradation.

Le Teflon (ou PTFE = polytétrafluoroéthylène) a fait les beaux jours des revêtements antiadhésifs et a connu son heure de gloire. Le PTFE peut être appliqué par projection sur une grande diversité de substrats : acier carboné, aluminium, inox… Son immense atout est la possibilité de cuire sans matière grasse ou tout du moins très peu, sans que les aliments n'attachent. Mais cet avantage sur le plan

diététique semble avoir des contreparties. Si le PTFE est aujourd'hui décrié, c'est plus à cause du PFOA, utilisé dans le procédé de fabrication.

MÉFIANCE VIS-À-VIS DU PFOA

Le PFOA fait partie de la famille des perfluorocarbures (PFC) qui sont connus comme étant des gaz à effet de serre et comme jouant un rôle de perturbateurs endocriniens. Pourtant, s'il est démontré que le PFOA est néfaste pour l'environnement et qu'il peut causer des dégâts sur la santé des employés qui l'utilisent lors des procédés de fabrication, les effets sur la santé du consommateur ne sont pas très bien connus.

- Une étude réalisée sur la population américaine montre que les composés perfluorés dont fait partie le PFOA se retrouvent dans 98 % des échantillons de sérum analysés (2 094 participants) et des études récentes mettent en avant un possible impact sur la fertilité. En effet, des scientifiques danois rapportent que les hommes qui avaient les plus hauts niveaux de PFOA dans le sang avaient 2,5 fois moins de spermatozoïdes dans leur sperme que les hommes qui avaient les taux les plus bas. Un niveau qui les situe à peine au-dessus du seuil de fertilité. De la même façon, des effets toxiques du PFOA sur la reproduction et sur le développement ont été observés chez des animaux de laboratoire.
- Ces composés se retrouvant dans de nombreux produits de notre vie quotidienne, il est difficile de connaître précisément la source de contamination. Des expériences conduites aux États-Unis par la *Food and Drug Administration* (FDA) ont montré que les fluorotélomères des emballages alimentaires peuvent migrer vers les matières grasses des aliments lors-

qu'ils sont chauffés, par exemple lorsqu'on chauffe des sacs de pop-corn. Dans ce cas, on les retrouve dans l'aliment, surtout sous la forme de fluorotélomères, très peu sous celle de PFOA.

- L'Agence de Protection de l'environnement Américaine (EPA) estime que le PFOA peut poser des risques pour la santé du fait que ce composant est très résistant dans l'environnement et surtout dans le corps humain. Depuis 2006, les producteurs de PFOA sont invités à adhérer sur la base du volontariat à un programme de l'EPA visant à réduire les émissions de ce produit chimique d'ici à 2010 et à l'éliminer d'ici 2015.
- Les fabricants soutiennent que le revêtement antiadhésif des ustensiles de cuisine ne relargue pas de PFC, mais certains chercheurs estiment que, à haute température, le PTFE pourrait libérer des PFC dans l'air. Une étude de 2003, commanditée par une association de protection de l'environnement, a révélé qu'un revêtement à base de PTFE peut émettre des gaz toxiques deux à cinq minutes après avoir été chauffé, lorsque l'allumage se fait en position « fort ». Selon DuPont, qui fabrique le Teflon, le revêtement peut se décomposer lorsque la température dépasse 350 °C. De telles températures peuvent être atteintes si on laisse trop longtemps chauffer (sur une gazinière ou dans un four) un ustensile vide de tout aliment.
- Une étude indépendante n'a pas trouvé de PFOA après qu'une poêle antiadhésive a été chauffée à 320 °C. Ces chercheurs ont, en revanche, rapporté que le papier traité avec du PFOA (emballages alimentaires type pop-corn chauffés à 175 °C) représentait une source d'exposition des centaines de fois plus importante que les poêles antiadhésives.

Devant tant d'incertitudes, le consommateur a bien du mal à faire son choix. Pourtant, du côté industriel, tout est fait pour rassurer le consommateur et la célèbre marque Tefal communique sur l'absence de PFOA dans ses produits finis et tient à la disposition de chaque consommateur les résultats des analyses effectuées régulièrement afin de garantir cette absence de PFOA.

Quoi qu'il en soit, si l'on considère que dans le doute il vaut mieux s'abstenir, **nous choisissons de ne pas utiliser les ustensiles à revêtements antiadhésifs**. Si vous détenez déjà ce type d'ustensiles et si vous n'êtes pas disposé à les jeter, voici quelques précautions à prendre :

- utilisez des ustensiles de haute qualité,
- ne chauffez pas vos poêles ou casseroles sans aliment,
- évitez les hautes températures.

Le revêtement antiadhésif est généralement déposé sur de l'inox ou sur de l'aluminium. Dans le cas de l'aluminium, si votre ustensile est abîmé ou rayé, l'aluminium présent peut alors passer dans les aliments. Il vaut mieux alors changer votre poêle ou votre casserole.

Et si vraiment vous tenez à acheter des poêles avec des revêtements antiadhésifs à base de PTFE, **choisissez les poêles en inox revêtues** en prenant des marques connues comme Tefal qui est le plus grand représentant des poêles antiadhésives à base de PTFE. Ne choisissez pas les entrées de gamme qui peuvent s'avérer décevantes même chez les marques les plus connues.

← Les revêtements à base de céramique

Les revêtements antiadhésifs à base de céramique (marques Evergreen d'Aubecq, Baumalu, Beka, GreenPan...) sont présentés comme des revêtements écologiques et sains (sans métaux lourds, sans PFOA, sans PTFE) et faisant appel à des procédés de fabrication non polluants pour la planète. Aucune émanation toxique ne se produit durant l'application du revêtement sur les ustensiles de cuisson et l'application à basse température (200 °C) du revêtement permet une économie d'énergie tout en réduisant les émissions de CO_2.

- Le revêtement céramique résiste à des températures plus élevées (450 °C) qu'un revêtement traditionnel, ce qui permet par exemple de griller un steak facilement et évite d'endommager la poêle en cas de surchauffe accidentelle. Faut-il préférer la céramique au Teflon ? C'est ce que nous allons voir.

- La céramique chauffe deux fois plus vite que le Teflon. Ainsi, pour éviter que les aliments n'attachent à la surface, et notamment que les graisses ne carbonisent, il suffit de chauffer légèrement votre poêle et cela cuira parfaitement vos aliments. Cet usage à basse température est aussi recommandé pour préserver durablement les propriétés antiadhésives du revêtement céramique. En effet, en cas de surchauffe, les revêtements à base de céramique sur un corps en inox perdent leurs propriétés antiadhésives. D'après les informations que nous avons recueillies auprès d'un fabricant, le revêtement à base de céramique est moins fragile que le PTFE car, en cas de rayure, celle-ci ne se propage pas. En revanche il peut se casser plus facilement sur les bords.

Le meilleur et le pire

Il est étonnant que, chez un même fabricant, on puisse trouver côte à côte des poêles dites écolo (sans PTFE, sans PFOA) et des poêles avec un revêtement antiadhésif avec du PTFE. Cela laisse au consommateur un choix curieux entre (pour simplifier) le « bon pour la santé » et le « mauvais pour la santé ». Comment un fabricant peut-il vanter d'un côté les produits sans PTFE et sans PFOA et de l'autre continuer à en vendre ? On peut s'interroger sur ses motivations : vraie conviction écologique ou choix commercial...

- Les poêles antiadhésives à base de céramique ont une durée de vie plus faible que celles en Tefon : en moyenne 800 usages (entre un et trois ans environ). Il faut donc changer de batterie de cuisine plus rapide-

La poêle se met au vert

Dans le commerce, vous trouverez le plus souvent les poêles à base de revêtement céramique dans des emballages verts.
Certaines marques poussent même le concept jusqu'à proposer des poêles elles-mêmes de couleur verte.
Tout est fait pour mettre en avant le côté écologique et bio de ces ustensiles.
D'ailleurs, tous les magasins bio proposent ce type d'ustensiles et espèrent séduire le consommateur en mettant en avant le fait qu'ils sont totalement exempts de PTFE, de PFOA et que leur fabrication induit moins d'émission de CO_2.
En ce qui concerne ce dernier argument, reste à espérer que les poêles vendues en France ne sont pas fabriquées à l'autre bout de la planète…

ment, donc on consomme plus et on pollue plus. Alors pour le côté écolo, on repassera… La durée de la garantie de ces ustensiles de cuisine à revêtement à base de céramique est plutôt faible par rapport aux ustensiles inox qui est de vingt-cinq ans environ.

- Les ustensiles avec revêtements à base de céramique sont également beaucoup plus chers. Par exemple, une poêle en inox d'un diamètre de 20 cm avec revêtement céramique coûte en moyenne 45 euros (avec de grandes variations selon les marques) contre 25 euros pour une poêle avec un revêtement PTFE.

BASE INOX OU ALU ?

La structure des poêles peut être en aluminium ou en inox. L'aluminium est un bon conducteur de chaleur, il la répartit très bien sur toute la surface. À l'inverse, l'inox est un mauvais conducteur de chaleur, c'est pour cette raison que même les poêles en inox contiennent presque toujours un fond en aluminium. L'inox est très facile d'entretien, il est aussi stable et ne s'abîme pas avec le temps ce qui explique qu'il est plus cher que l'aluminium. L'aluminium, nous l'avons vu, est un matériau controversé puisqu'il pourrait favoriser un certain nombre de pathologies. Par définition, un revêtement, ça s'abîme. Et lorsqu'il n'y a plus le revêtement, c'est l'aluminium qui se retrouve au contact de nos aliments. Donc même masqué sous un revêtement, mieux vaut éviter l'aluminium.

CONSEILS PRATIQUES

Quel que soit le revêtement PTFE ou céramique...

- Utilisez des ustensiles (cuillères, spatules...) en bois ou en silicone afin de ne pas dégrader le revêtement et de prolonger sa durée de vie.
- N'utilisez jamais un couteau et ne coupez pas vos aliments à l'intérieur de votre ustensile.
- Pour le nettoyage, frottez l'intérieur de votre ustensile avec une éponge douce et du liquide vaisselle, et évitez surtout la partie « grattante ».
- Enfin, dans vos placards, évitez d'empiler vos poêles, elles pourraient s'abîmer. Et si vous manquez de place, installez un torchon ou une feuille d'essuie-tout entre chaque poêle ou casserole. Ces ustensiles peuvent généralement être placés au lave-vaisselle.

← L'inox

Aujourd'hui, c'est l'inox qui a le vent en poupe. Oui, mais pas n'importe lequel. Il faut choisir l'inox 18/10 qui est un alliage d'acier (fer et carbone), de 18 % de chrome et de 10 % de nickel. Ce matériau présente l'avantage d'être solide – il ne craint pas les rayures –, esthétique, facile à nettoyer et

ne présente aucun risque pour la santé car l'inox 18/10 est inerte vis-à-vis des aliments. Souvent, les garanties proposées par les fabricants sont de vingt-cinq ans, un vrai gage de solidité et de résistance au temps.

- L'inconvénient de l'inox c'est sa mauvaise conductivité de la chaleur. C'est pourquoi les fonds des ustensiles en inox comportent généralement plusieurs couches qui permettent de combiner les propriétés de plusieurs matériaux. Afin de mieux distribuer la chaleur, on ajoute à l'inox une épaisseur d'aluminium. Lorsque l'aluminium est présent jusqu'au bord de l'ustensile, la diffusion devient optimale. Ainsi, il est fréquent de trouver un fond triple épaisseur inox/aluminium/inox de 6 ou 8 mm, ce qui garantit un produit de qualité en ce qui concerne la diffusion de la chaleur et donc une économie d'énergie. Sur les ustensiles trop bon marché, les fonds ne sont pas assez épais et subissent une déformation à la chaleur, ce qui ne rend pas optimale la diffusion de la chaleur et donc augmente la consommation d'énergie.

Si le fond est encapsulé, cela signifie que l'aluminium est « caché » et qu'il ne risque pas d'être attaqué par les détergents.

- L'utilisation de l'inox nécessite un préchauffage, indispensable à la réussite de votre cuisson : après deux ou trois minutes, faites le test de la goutte d'eau : il suffit de projeter des gouttes d'eau dans votre poêle inox chaude. Si les gouttes s'évaporent, la

Acier et fonte : quelle différence ?

L'acier c'est du fer additionné de carbone depuis un taux proche de 0 % jusqu'à environ 2 %. Au-delà on parle de fonte. Les aciers peuvent être alliés ou non. Il y a alliage lorsque des éléments chimiques autres que le carbone sont additionnés au fer. C'est le cas de l'acier inoxydable qui contient en plus du carbone et du fer, du chrome et du nickel.

Les poêles à fond « gaufré »

Vous trouverez sur le marché des poêles à fond lisse et des poêles à fond gaufré comme une espèce de nid-d'abeilles. Selon le fabricant Beka, ce fond initialement conçu pour diminuer le contact avec les matières grasses qui se mettent dans les alvéoles se révèle être plus difficile à nettoyer. Pour cette marque, il sera remplacé par des fonds lisses.

poêle inox n'est pas à bonne température, elle n'est pas assez chaude. Si elles roulent comme une bille, c'est à bonne température. Vous pouvez alors cuisiner sans matières grasses.

- Certains aliments nécessitent obligatoirement d'ajouter de la matière grasse : les œufs, les pommes de terre et le poisson. Par exemple, pour des œufs sur le plat, il faut mettre un peu de matière grasse dans la poêle et chauffer quelques minutes à feu doux avant d'y ajouter les œufs.
- Il est important de choisir des ustensiles de bonne qualité et d'éviter les trop bonnes affaires qui risquent de s'avérer peu solides et qui devront être remplacées rapidement.
- Les ustensiles en inox s'entretiennent d'autant plus facilement qu'ils n'ont aucun revêtement. Vous pouvez les passer au lave-vaisselle ou les nettoyer à la main même avec une éponge à gratter pas trop agressive. Le mieux est de nettoyer votre ustensile en inox rapidement après la cuisson pour éviter que les aliments ne collent et que le nettoyage devienne difficile. Enfin, les fabricants proposent des produits d'entretien pour inox qui vous permettront de conserver l'aspect initial de vos ustensiles.

De nombreuses marques proposent des ustensiles tout inox qui ne sont d'ailleurs pas toujours bien représentés dans certains magasins. Heureusement, vous avez aussi la possibilité d'acheter vos ustensiles sur Internet. En fonction de la place dont vous disposez dans vos placards, vous pourrez choisir des manches amovibles ou non.

LE PRIX DE L'INOX

Les prix peuvent certes être très élevés mais c'est un investissement de longue durée. Selon les marques, les différences de prix peuvent être énormes. Et il faut prendre en compte certains critères : l'esthétique, la qualité (pas toujours facile à évaluer), avec anses amovibles ou non… Par exemple :

- La marque Cristel propose 4 casseroles (14, 16, 18 et 20 cm) avec manche amovible pour environ 300 euros (auxquels il faut ajouter le prix du manche 25 à 40 euros environ, selon le modèle).
- Chez Lagostina, nous avons trouvé des offres pour 4 casseroles à manche amovible avec manche inclus pour 200 euros.
- Chez De Buyer vous pouvez trouver 4 casseroles avec anses amovibles ou non pour environ 150 euros (manche non inclus).
- Une poêle de 24 cm de diamètre avec anses ou manche amovibles de la marque Cristel coûte environ 110 euros (à ce prix il faut ajouter le prix d'une poignée ou de deux anses). À titre de comparaison, une poêle du même genre chez De Buyer vous coûtera environ moitié prix.
- Certaines marques proposent des produits moins chers (vous pouvez trouver 4 casseroles pour 80 euros voire moins) mais la durée de la garantie peut être moins longue, elle est de dix ans contre vingt-cinq ans pour la majorité des marques.

Pour vous faire une idée des offres, vous pouvez visiter les nombreux sites de vente en ligne d'ustensiles de cuisine :

- www.cuisinstore.com ;
- www.maxicook.com ;
- www.artetcuisson.fr.

← La fonte

La fonte est un alliage de fer et de carbone. Elle présente l'avantage de diffuser la chaleur uniformément et de la restituer progressivement. La fonte peut conserver la chaleur du-

rant 20 à 30 minutes après avoir éteint le feu. Grâce à la parfaite conduction de la chaleur, une poêle peut être utilisée sur un petit rond de gaz sans aucun problème, la chaleur se diffusant uniformément. La fonte est économe en énergie et permet aux aliments de mijoter longtemps tout en préservant leurs arômes.

- La fonte présente l'avantage de ne pas être fragile : elle ne craint pas la pointe des couteaux et ne se raye pas. Vous pouvez donc conserver vos ustensiles en fonte pendant vingt-cinq ou trente ans.
- Avant l'utilisation, il faut badigeonner légèrement la fonte avec de l'huile de cuisine. Il est important de préchauffer à puissance minimum votre ustensile de une à trois minutes suivant sa dimension avant d'y déposer vos aliments. Ne préchauffez pas à feu vif, la température mettrait du temps à baisser. Si ensuite ça accroche, c'est que l'ustensile est trop chaud ! Il faut en général cuisiner à feu moyen.
- L'entretien des ustensiles en fonte est simple : de l'eau chaude et une brosse à vaisselle. Mais les fabricants recommandent de badigeonner ensuite l'ustensile avec de l'huile afin de le « culotter ». Ce graissage permet aussi d'éviter les risques de corrosion. Attention, si vous ne vous êtes pas servis de votre ustensile en fonte depuis longtemps, nous vous recommandons de le repasser sous l'eau rapidement avant usage pour éviter que la couche d'huile ne donne un mauvais goût aux aliments. Par ailleurs, ne placez surtout pas vos ustensiles en fonte brute au lave-vaisselle au risque de faire disparaître le culottage.

Gros plan sur la marque Skeppshult

Cette marque suédoise fabrique des ustensiles en fonte sans aucun revêtement (pas d'émail) dans le respect le plus complet de l'environnement : les produits sont naturels et écologiques (100 % recyclables), et la fabrication a lieu dans un souci permanent de l'environnement.

- 100 % de l'électricité sont issus d'une production éolienne.
- Le bois utilisé pour les poignées provient des forêts de Scandinavie gérées durablement et certifiées FSC.
- La fonte est prétraitée à chaud avec de l'huile de colza, issue de l'agriculture biologique et certifiée par KRAV (certificateur de produits bio en Suède et membre de IFOAM).
- Le sable des moules est réutilisé à 96,5 %.

Ne cherchez pas : vous ne trouverez pas ces produits dans la grande distribution. Ils sont disponibles dans les magasins biologiques et diététiques (Biocoop, La vie claire...), dans les salons et foires bio et en vente par correspondance.

Aux détracteurs de la fonte brute qui pointent du doigt son aspect rugueux susceptible d'emprisonner des aliments, Skeppshult nous précise que la fonte se patine rapidement et ce d'autant plus qu'on l'utilise souvent et qu'il n'y a pas de risque de développement bactérien si l'on nettoie les ustensiles en fonte suivant les recommandations.

● Le seul inconvénient des ustensiles en fonte est leur poids. Ils sont lourds, difficile de faire sauter les crêpes avec une main ! Mais c'est aussi un avantage :les poêles ne bougent plus sur les plaques de cuisson.

Les poêles en fonte brute représentent un investissement : comptez 85 euros pour une poêle à frire de 24 cm, 115 euros pour une poêle de 36 cm. Mais leur garantie de vingt-cinq ans, l'absence de revêtement et le respect des conditions d'utilisation et d'entretien vous permettront d'amortir votre achat rapidement.

Les ustensiles en fonte sans revêtements doivent être entretenus suivant les recommandations du fabricant : ainsi ils ne risqueront pas de rouiller et vos aliments n'accrocheront pas. Et plus vous les utiliserez, plus il sera facile de cuisiner avec, le culottage se faisant au fur et à mesure.

FONTE ÉMAILLÉE OU FONTE BRUTE ?

L'émail est un argument pour éviter les risques de corrosion. Mais pour les adeptes de la fonte brute, il est aussi beaucoup moins sain car certains émaux peuvent contenir du plomb. Certaines grandes marques qui vendent des ustensiles en fonte émaillée garantissent que l'émail utilisé ne contient ni plomb ni cadmium. Peut-être que la vérité serait plus nuancée : le plomb et le cadmium peuvent être présents à des teneurs bien inférieures aux limites autorisées. Difficile pour nous de le vérifier. Même si les fabricants mettent souvent en avant la qualité de leur émail, il peut toutefois s'écailler. Ceci peut arriver dans le cas de chocs importants. Un point de rouille peut alors apparaître. Il est alors possible que d'autres sauts d'émail se produisent…

QUESTIONS AU FABRICANT D'USTENSILES DE CUISINE EN FONTE LE CREUSET

■ *Quels sont les avantages de la fonte en matière de cuisson ?*

La chaleur se répartit de façon homogène, ce qui a l'avantage d'éviter la formation de points de surchauffe susceptibles de « carboniser » les aliments. Grâce à sa cuisson douce et régulière, la fonte permet une cuisson saine et savoureuse. Les qualités nutritionnelles des aliments sont conservées au mieux au cours de la cuisson et les nutriments sensibles à la chaleur (acides gras et vitamines) sont préservés.

La fonte est compatible avec toutes les sources de chaleur : flamme, plaques électriques, four, plaques à induction.

L'épaisseur et la nature de la fonte permettent de conserver au chaud les plats, même lorsque la source de chaleur est éteinte, ce qui évite de remettre le plat sur le feu en attendant de passer à table. En effet, à chaque réchauffage de l'aliment, une quantité supplémentaire de vitamines et de minéraux est détruite par la chaleur.

Les caractéristiques de la fonte (aptitude à bien répartir la chaleur) et de l'émail (surface de contact avec les aliments parfaitement lisse) permettent de cuire les aliments avec une quantité très limitée de corps gras.

■ *Pourquoi déposez-vous un revêtement émaillé sur vos cocottes en fonte ? À quoi cela sert-il, quels avantages par rapport aux cocottes en fonte non émaillées ? Vos cocottes en fonte sont-elles toutes émaillées ?*

Les cocottes en fonte Le Creuset sont toutes émaillées. L'émaillage des ustensiles de cuisson permet d'éviter la formation de la rouille. L'émaillage permet d'obtenir une surface parfaitement lisse, facile à nettoyer. Quelle que soit leur taille, les particules alimentaires vont être éliminées facilement, garantissant ainsi une hygiène optimale. Lors du nettoyage d'un ustensile de cuisson en fonte brute, non revêtue, la rugosité du matériau rend souvent le nettoyage difficile. De très petites particules alimentaires peuvent se loger dans des porosités, permettant ainsi le développement de micro-organismes pathogènes sur les parois.

La fonte émaillée, comme le verre, est une matière saine, parfaitement hygiénique.

La fonte émaillée Le Creuset ne s'altère pas sous l'action des acides alimentaires (oseille, rhubarbe, tomate, citron…),

ce qui garantit une parfaite sécurité alimentaire. La résistance antiacide et antialcaline de notre fonte émaillée est nettement plus élevée que les standards européens.

■ *Est-ce toujours le même émail que vous utilisez, est-ce qu'il en existe plusieurs sortes ?*
Les émaux sont caractérisés par leur aptitude à résister aux chocs mécaniques et thermiques, mais aussi aux attaques acides et alcalines. Dans un souci d'amélioration continue, Le Creuset cherche à innover sans cesse pour fournir la meilleure qualité d'émail possible. Il existe plusieurs couleurs d'émail (sable, blanc ou noir pour l'émail intérieur et de nombreuses autres couleurs pour l'extérieur) et différentes finitions.

■ *L'émail peut-il s'abîmer ? Si oui, cela présente-t-il un danger pour la santé du consommateur ?*
L'émail est une matière minérale, neutre donc sans danger pour la santé. Dans le cas de chocs importants, l'émail peut effectivement s'abîmer.

← Le cuivre

Le cuivre est un très bon conducteur de chaleur. À petite dose, le cuivre est bon pour la santé. Mais à forte dose sur une courte période, il peut devenir toxique. La cuisson dans des ustensiles en cuivre rouge est interdite. Généralement, les ustensiles en cuivre sont donc recouverts d'un revêtement qui permet également d'éviter l'oxydation (le vert-de-gris). Ce revêtement est donc soit une couche d'étain soit de l'inox. L'inox présente l'avantage d'être très résistant à l'usure mais c'est un mauvais conducteur de chaleur. L'étain, quant à lui, est un bon conducteur de chaleur mais est très fragile, il faut refaire le revêtement régulièrement.

Certains ustensiles en cuivre sont vendus sans revêtement, il s'agit des ustensiles destinés à la confiserie (bassine à confiture, bassine à sirop ou poêlon à sucre).

Poêles en tôle d'acier

La société De Buyer a commercialisé des poêles constituées de fer à 99 %. Il s'agit d'une substance minérale *a priori* sans danger pour l'utilisateur et ces ustensiles sont, en plus, sans revêtement. Il faut suivre les recommandations du fabricant pour l'utilisation, à savoir le culottage de ces poêles. Elles pourront ainsi acquérir des propriétés antiadhésives. Plus les poêles sont utilisées, plus elles deviennent noires et moins elles accrochent...

Le culottage avec les pommes de terre

Pour culotter vos poêles afin qu'elles n'adhèrent pas, vous pouvez mettre des épluchures de pommes de terre dans votre ustensile, couvrir d'eau, faire bouillir pendant quinze minutes.
Jetez ensuite les épluchures puis rincez la poêle à l'eau très chaude, essuyez et refaites bien chauffer ½ cm d'huile dans la poêle avant de la jeter.
Enfin, essuyez avec du papier absorbant et rangez votre poêle dans un endroit sec.

- La tôle d'acier permet de monter à haute température et de saisir des viandes : attention à la formation de produits de Maillard ! Ne cuisez pas trop les viandes et essayez de les retourner souvent lors de la cuisson plutôt que de les laisser griller d'un côté. Les fabricants recommandent d'utiliser ces poêles pour saisir et griller, il ne faut donc pas les utiliser trop souvent.

● Les ustensiles en tôle d'acier ne doivent pas être mis au lave-vaisselle, ne les laissez pas tremper dans l'eau sous peine de les voir rouiller. Lavez-les à l'eau avec une éponge douce ou une brosse à vaisselle souple et séchez-les bien. Enfin, pour éviter la corrosion, passez un essuie-tout imbibé d'huile avant de les ranger.

Que faire si de la rouille apparaît ?

Certains matériaux sont suceptibles de rouiller, c'est le cas de la fonte brute et de la tôle d'acier.
Si cela arrive à vos ustensiles, pas de panique : la rouille n'est pas toxique ! Prenez une éponge abrasive et frottez la rouille pour l'enlever. Rincez à l'eau, séchez bien et recommencez le culottage.

Faites LE BON CHOIX

● Nous conseillons la fonte brute et l'inox 18/10 qui sont complémentaires. Ces ustensiles sans revêtement sont plus résistants et possèdent une neutralité vis-à-vis des aliments, ce qui nous semble être un choix sain et durable. Avec un peu de technique et en suivant bien les recommandations des fabricants, vos ustensiles n'attacheront pas. Pour l'inox, choisissez de bonnes marques qui vous proposent des ustensiles à fond épais, garant d'une bonne diffusion de la chaleur et un acier inoxydable de haute qualité : Mauviel, Sitram, Aubecq, Cristel…

● Certes, ces ustensiles sont plus chers mais leur qualité vous permettra de les conserver très longtemps. Et il n'y a pas de revêtement susceptible de se détériorer.

Les cuit-vapeur

Cuire à la vapeur présente différents avantages : l'aliment cuit au contact de la vapeur d'eau, aucune matière grasse n'est nécessaire, il n'y a pas de fuite des vitamines et des minéraux dans l'eau de cuisson, les arômes sont préservés.

●●● De plus, c'est un mode de cuisson très sain, notamment parce que la formation de produits de Maillard est nettement diminuée en milieu humide. Bref, on conserve les vitamines et on diminue la formation de composés toxiques : c'est donc la cuisson idéale !

Ceci dit, quand il s'agit de faire son choix parmi les nombreux produits proposés dans cette gamme, le consommateur s'y perd un peu. Alors cuit-vapeur à pression atmosphérique, autocuiseur sous pression, cuisson à basse pression ? Essayons d'y voir plus clair.

← Les autocuiseurs sous pression

Déjà, il faut savoir que la Cocotte-minute est une marque d'autocuiseur déposée par la société SeB. Devenu depuis longtemps un nom du langage courant, cet autocuiseur permet de cuire sous pression en divisant environ par trois les temps de cuisson. C'est en 1953 que la cocotte SeB en aluminium embouti a vu le jour. Elle trouve un succès immédiat.

L'autocuiseur est généralement composé d'un récipient de cuisson, d'un panier intérieur et d'un couvercle. Les aliments à cuire sont placés dans le panier perforé au-dessus de l'eau. La cuisson se faisant à une pression supérieure à la pression atmosphérique, la température d'ébullition de l'eau est supérieure à 100 °C. La température de la vapeur d'eau se situe autour de 120-130 °C, ce qui permet de cuire plus rapidement. Certains autocuiseurs proposent plusieurs niveaux de pression afin de garantir une cuisson optimale en fonction du type d'aliments à cuire.

Les autocuiseurs sous pression possèdent des soupapes de sécurité qui permettent d'évacuer la vapeur d'eau au cours de la cuisson lorsque la pression dépasse une certaine limite, et à la fin de la cuisson pour revenir à la pression atmosphérique normale avant l'ouverture de l'autocuiseur. Tant que l'autocuiseur est sous pression, l'ouverture est impossible. Attention les anciens modèles ne sont pas équipés de tels systèmes de sécurité.

Les cocotte-minute permettent bien sûr de cuire à la vapeur grâce à des paniers perforés très étudiés mais vous pouvez aussi les utiliser pour cuire à l'eau, pour rissoler et pour mijoter.

Tous les aliments peuvent être cuits dans la cocotte-minute. La société SeB commercialise l'autocuiseur Nutricook doté de 4 programmes de cuisson qui mettent en œuvre des températures adaptées aux légumes, aux féculents, aux poissons et aux viandes. Ce cuiseur présente l'intérêt de commencer une cuisson à une température supérieure à 110 °C pendant un laps de temps court puis de la terminer suivant le principe de la cuisson à la vapeur douce à une température moins élevée. Les programmes pré-définis aident l'utilisateur à choisir une cuisson adaptée à l'aliment qu'il doit faire cuire. Une purge d'air et un panier vapeur exclusif de Nutricook protègent les légumes et les poissons des phénomènes d'oxydation et de lessivage des vitamines et minéraux.

Les autocuiseurs sous pression étaient initialement fabriqués en aluminium, bon conducteur de chaleur. Aujourd'hui, on les trouve essentiellement en inox avec un fond triple épaisseur composé d'aluminium entre deux couches d'acier inoxydable, ce qui permet une excellente diffusion de la chaleur.

Quelle capacité choisir ?

Les autocuiseurs sont disponibles en plusieurs tailles adaptées à vos besoins. Généralement, il est établi que, pour 1 à 4 personnes, un autocuiseur de 3 l à 4,5 l suffit ; pour 4 à 6 personnes : 6 l ; pour 6 à 8 personnes : de 7,5 l à 8 l… Certains fabricants proposent des autocuiseurs avec deux cuves.

Les cuiseurs basse pression

Dans les cuiseurs basse pression, la valve laisse échapper plus de vapeur d'eau, la température est donc moins élevée. La cuisson est également moins rapide que dans les autocuiseurs mais plus rapide que dans un faitout avec panier perforé dans lequel vous feriez cuire à la vapeur.

En revanche, et c'est l'avantage, il est possible d'intervenir pendant la cuisson car l'ouverture ne présente pas de danger pour l'utilisateur.

Les cuiseurs vapeur électriques

Les cuiseurs vapeur électriques présentent l'avantage de posséder plusieurs paniers superposables, ce qui permet de cuire différents aliments sans les mélanger. Les cuissons se faisant sous pression atmosphérique, elles ne sont pas aussi rapides que dans les appareils sous pression. Et qui dit temps de cuisson plus long dit perte en vitamines plus importante. Mais les fabricants regorgent d'arguments et d'idées nouvelles pour faire de leurs cuiseurs vapeur électriques des alliés de notre santé. Chez SeB, c'est la touche Vitamin+ qui permet une cuisson turbo qui préserve mieux les vitamines.

← Le cuit-vapeur Mastrad

Ce cuit-vapeur est en silicone. Il permet de combiner à la fois la cuisson à la vapeur et la cuisson aux micro-ondes. Un repas complet peut être prêt en très peu de temps. Les ustensiles en silicone ont le vent en poupe en ce moment car ce matériau n'attache pas, s'utilise aux micro-ondes, est facile d'entretien et supporte des températures de – 40 °C à 220 °C. Cependant, ce matériau a assez peu été étudié. Cela nous engage à être méfiants tant que son innocuité ne sera pas totalement prouvée.

← Le vitaliseur de Marion

Le vitaliseur de Marion est un ustensile en inox 18/10 qui permet une cuisson à la vapeur douce en ne dépassant pas 95 °C, température garantie par les propriétés techniques de l'ustensile, ce qui, d'après le fabricant, a été validé par des analyses en laboratoire. Alors comment est-ce possible ? *« Sa cuve est plus haute qu'une cuve*

traditionnelle pour que la vapeur ait le temps de baisser en température avant d'arriver aux aliments. Son tamis a des trous plus larges (6 mm) et espacés d'une certaine mesure pour que la vapeur ne remonte pas en pression lors de son passage et donc reste à une température inférieure à 100 °C. Enfin, le couvercle en dôme évite à l'eau de retomber sur les aliments et donc de les dénaturer et son poids bien étudié lui permet de se soulever légèrement pour laisser la vapeur s'échapper pour rester à une température de 95 °C permettant ainsi de mieux préserver vitamines et minéraux », nous indique un représentant de la société qui commercialise le vitaliseur.

Le vitaliseur existe en deux tailles : le petit modèle (3,5 litres) est à 178 euros ; le grand modèle (8 litres) est à 235 euros.

← Les faitouts pour la cuisson basse température à l'étouffée

Plusieurs marques vantent la cuisson à l'étouffée dans des ustensiles en inox dotés d'un couvercle capable d'indiquer la température de cuisson. Le principe est toujours le même : pour faire cuire des légumes par exemple, vous remplissez votre faitout aux deux tiers, vous démarrez la cuisson à petit feu pour laisser les légumes « transpirer » et lorsque le thermomètre indique 60 °C, vous éteignez votre plaque et vous laissez la cuisson se poursuivre. Mais attention toutes les marques ne vendent pas la même chose. Certains couvercles possèdent un thermomètre intégré au couvercle avec une sonde qui prend directement la température dans le récipient et d'autres ont juste un thermomètre vissé, sans sonde interne.

C'est la marque allemande Beem qui a breveté ce procédé avec sonde interne. Cette marque explique que, l'inox étant un mauvais conducteur de chaleur, la température prise à l'intérieur du récipient sera forcément plus fiable que celle indiquée sur le couvercle qui représente la température de celui-ci.

Après avoir atteint les 60 °C, la cuisson se poursuit à feu éteint. Il est donc important que le fond de l'ustensile puisse restituer la chaleur accumulée. Beem a breveté un fond constitué d'une couche d'inox, puis d'un nid-d'abeilles destiné à stocker la chaleur. Celui-ci est pris en sandwich entre deux couches de titane pour limiter la déperdition et recouvert d'une couche d'inox.

Ce fond permet de faire l'intégralité d'une cuisson feu éteint (une fois que la température de départ de 60 °C est atteinte), ce qui permet une précision idéale, un confort pour l'utilisateur qui n'a pas besoin de surveiller et une économie sensible d'énergie.

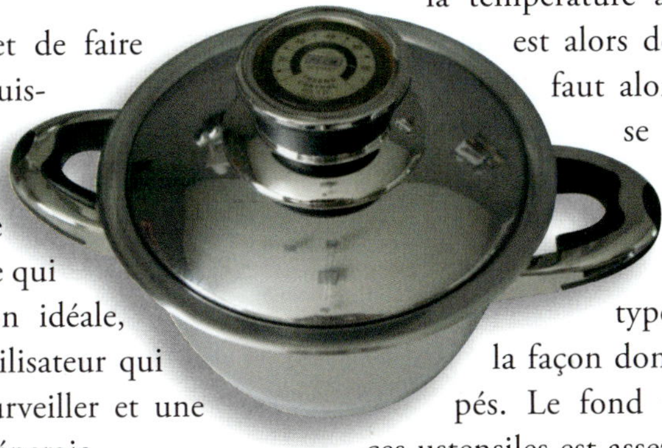

Tout ceci a un coût : un faitout de 24 cm et d'une capacité de 6,5 litres est vendu 560 euros tout de même !

Les autres marques qui sont sur ce créneau de la basse température vendent leurs ustensiles moins chers et c'est plutôt un point positif. Mais la température mesurée est moins « fiable » en l'absence de la sonde interne brevetée par Beem. C'est le cas de la marque ABE (Ambiance Bien-Être) qui propose également des ustensiles pour cuisson basse température à l'étouffée. Ce fabricant annonce la couleur : lorsque le thermomètre indique 60 °C, la température au fond du faitout est alors de 80 °C environ. Il faut alors laisser la cuisson se terminer hors du feu. Évidemment, les temps de cuisson dépendent du type de légumes et de la façon dont ils ont été découpés. Le fond thermodiffuseur de ces ustensiles est assez épais (10 mm), ce qui rend possible cette cuisson hors du feu grâce à une accumulation, une diffusion et une restitution de la chaleur. Les produits ABE peuvent être une bonne alternative économique…

La cuisson basse température aide à conserver vitamines et minéraux et à préserver l'aspect et le goût des légumes.

Appliquée aux viandes, cette méthode de cuisson à basse température limite la formation des composés de Maillard.

Si de plus faibles températures agressent moins les aliments qu'une cuisson sous pression à plus hautes températures, il faut toutefois savoir que d'une part ces cuissons sont plus longues et que c'est le couple temps-température qui rentre en jeu. De plus, tous ces fabricants ne parlent pas de l'exposition de ces aliments à l'oxygène de l'air qui provoque une destruction par oxydation. L'un dans l'autre, il est difficile de conclure en l'absence d'études comparant l'ensemble de ces ustensiles. Gardez cependant à l'esprit qu'il ne faut pas « surcuire » vos aliments au risque de voir une partie de leurs qualités nutritionnelles détruites.

Faites LE BON CHOIX

- C'est le couple temps-température qui intervient sur la perte en vitamines. Ajustez vos temps de cuisson, ne « surcuisez » pas.
- Le Nutricook nous semble être un bon compromis entre rapidité de cuisson et conservation des nutriments.

Les cocottes

En fonte ou en céramique, elles sont idéales pour les plats mijotés. Elles existent dans presque toutes les tailles et dans toutes les couleurs.

← Cocottes en fonte

Les cocottes en fonte permettent une cuisson à l'étouffée. Le couvercle hermétique évite l'évaporation des liquides de cuisson, favorisant ainsi la concentration des saveurs. La fonte est un excellent conducteur de chaleur, idéale pour le mijotage. La chaleur se diffuse progressivement et uniformément, ce qui permet de bien contrôler la cuisson. Il existe plusieurs formes de cocottes en fonte : ovale pour les rôtis ou les volailles, ronde pour les plats mijotés comme la blanquette de veau.

Les cocottes en fonte peuvent posséder un couvercle permettant de poser de l'eau ou des glaçons pour favoriser la condensation à l'intérieur de la cocotte. Les

aliments sont ainsi bien arrosés tout au long de la cuisson. Chez Staub, les couvercles des cocottes en fonte possèdent des picots qui facilitent l'arrosage des aliments en cours de cuisson en permettant aux gouttes de condensation de retomber. Et ce, d'autant plus si vous mettez de l'eau sur le couvercle. Une viande cuite de cette façon sera beaucoup plus tendre.

← Cocottes en céramique

La céramique est un matériau naturel et sain fait à base d'argile. La surface des ustensiles en céramique est émaillée, ce qui permet de protéger la terre et d'intégrer des couleurs. Généralement, les marques garantissent soit que l'émail ne contient ni plomb ni cadmium, soit qu'il respecte la réglementation dans ce domaine, ce qui veut dire que les teneurs en métaux sont en dessous des limites fixées par la réglementation. Les cocottes en céramique diffusent doucement et de façon homogène la chaleur. La cuisson est douce et il est possible de faire mijoter des plats pendant plusieurs heures tout en préservant le goût des aliments. Les cocottes en céramique peuvent être utilisées au four, au four à micro-ondes et certaines sur les plaques de cuisson. Elles présentent l'avantage d'être plus légères que la fonte et il existe un grand nombre de formes différentes. Le design permet de les placer directement sur la table tout en conservant le plat au chaud. Les cocottes individuelles sont souvent en céramique et permettent des présentations originales de vos plats.

Les fabricants (Émile Henry, Le Creuset…) proposent des cocottes et de nombreux plats en céramique résistants aux chocs thermiques. Il est donc possible de passer directement vos plats du congélateur au four.

Ces cocottes en céramique sont de surcroît faciles à nettoyer grâce à leur surface émaillée qui ne se raye pas.

La gamme Flame chez Émile Henry

Le fabricant a développé une gamme d'ustensiles en céramique qui peuvent être en contact direct avec une source de chaleur : vous pouvez donc poser votre cocotte en céramique sur votre brûleur à gaz ou sur vos plaques électriques. Attention pour les plaques à induction, un disque spécial est nécessaire et ce procédé n'est peut-être pas idéal. Mais pour les recettes qui commencent sur le feu et qui se terminent dans le four, c'est plutôt pratique… La céramique n'est plus cantonnée à une utilisation au four. Dans cette gamme, vous trouverez des cocottes, des tajines, des sauteuses…

Faites LE BON CHOIX

- Entre la fonte et la céramique difficile de faire un choix, cela dépend de l'usage que l'on veut en faire. L'idéal serait d'avoir à sa disposition les deux types d'ustensiles. Pour les recettes qui mijotent sur le feu, nous choisissons la fonte qui s'adapte sur toutes les sources de chaleur. Pour les recettes au four nous préférons la céramique, moins lourde. Son côté esthétique peut aussi être un avantage.

La cuisine au wok

Le wok est un ustensile de cuisine d'origine asiatique qui permet de faire frire, sauter, mijoter ou étuver vos aliments. La cuisson au wok est généralement rapide car une très haute température est requise.

Les légumes sautés au wok cuisent très peu de temps et avec très peu de matières grasses. Dans ce cas, les légumes sont coupés finement et sont jetés dans le wok chaud. Il faut alors les remuer sans cesse du centre du wok vers les bords. Il est également possible de faire cuire de la viande de cette façon et de réchauffer ensuite les légumes et la viande avec une sauce. Cette cuisson en « sauté » permet de conserver les légumes croquants et de préserver les vitamines.

Certains woks ont une base incurvée et nécessitent un support pour être stabilisés. Mais la plupart possède une base plate de petit diamètre qui peut s'adapter à nos plaques de cuisson planes. Le wok a une forme évasée, ses bords permettent de garder la chaleur et seule une petite partie (le fond) est en contact avec la source de chaleur.

La cuisson au wok doit toujours être brève sans quoi, compte tenu de la très haute température qui règne dans l'ustensile, il y a un risque de formation de composés de Maillard et de destruction des vitamines.

La taille du wok ne doit pas être trop petite sinon les aliments risquent de s'entasser. Choisissez plutôt un wok de 30 cm de diamètre (c'est le diamètre au niveau de la partie la plus évasée).

Comment choisir son wok

Alors en fonte, en acier, en inox, avec ou sans revêtement antiadhésif, quel wok choisir ?

- **Les woks en acier inoxydable** ne permettent pas une répartition optimale de la chaleur et ils ont tendance à attacher. Il faut donc utiliser plus de matière grasse. De plus, ils sont très chers ! Il n'y a pas d'avantages à prendre un wok en inox.

Traditionnellement, les woks sont en acier carbone. Ils présentent l'avantage de chauffer et de refroidir rapidement, ce qui facilite le contrôle de la cuisson des aliments. La fonte est aussi un matériau efficace mais les woks en fonte sont très lourds ce qui peut être gênant.

- **Les woks en acier carbone** et les woks en fonte doivent être « culottés » pour éviter de rouiller. En général, on les « culotte » avec de l'huile et en les chauffant, cela permettra de former un antiadhésif naturel. Par contre si la fonte est émaillée, le culottage est inutile.
- **Quant aux revêtements antiadhésifs**, ils nous paraissent inappropriés étant donné que la cuisine au wok se fait à haute température et les revêtements antiadhésifs à base de PTFE ne doivent pas être chauffés à haute température. Si vous utilisez régulièrement votre wok traditionnel, il n'y a pas de raison qu'il attache.

À l'usage, les matières grasses vont remplir les pores microscopiques du métal et la surface n'attache plus.

Nous déconseillons **les woks électriques** qui sont inappropriés pour préparer les plats traditionnels, d'une part, parce que le chauffage est régulé par un thermostat qui ne permet pas un bon contrôle de la température et d'autre part, parce que les températures atteintes ne sont pas assez élevées. Ces woks électriques possèdent généralement un revêtement antiadhésif.

Le wok est équipé soit de deux petites poignées, soit d'un manche qui permet de mieux faire sauter les aliments à condition bien sûr d'avoir une bonne poigne. Le choix se fait en fonction des préférences de chacun et de l'usage du wok : pour les plats mijotés, la poignée n'est pas forcément nécessaire.

La cuisine au wok pointée du doigt

Le nombre de cancers du poumon chez les femmes chinoises est un des plus élevés dans le monde et certaines études montrent du doigt la cuisine au wok, notamment lorsqu'elle est pratiquée à la maison. Mais attention, c'est essentiellement l'inhalation des vapeurs d'huile qui en serait responsable. Ces femmes cuisinent chaque jour voire plusieurs fois par jour avec un wok et respirent donc ces composés cancérigènes. Rien à voir avec une utilisation ponctuelle.

Faites LE BON CHOIX

- Privilégiez le wok en acier carbone même si au fur et à mesure des utilisations, son aspect noirci n'est pas très esthétique. C'est cela qui le rend plus efficace.
- Les woks équipés d'un manche et d'une poignée secondaire sont les plus pratiques.
- Ne récurez pas le wok après usage : utilisez un peu de savon et une éponge souple. Une fois sec, badigeonnez-le d'un peu d'huile.

Les plats à four

Les plats à four peuvent prendre différentes formes : ovale, rond, carré ou rectangulaire... Ils sont fabriqués dans différents matériaux tels que la porcelaine, la céramique, l'aluminium, l'inox, le verre... Selon le type de four (micro-ondes ou traditionnel), voici nos conseils d'utilisation.

Pour les fours à micro-ondes

Pour le four à micro-ondes, des règles particulières s'appliquent. Nous savons en général qu'il ne faut pas utiliser de métal pour faire chauffer nos aliments dans le four à micro-ondes : pas de plat en inox, pas de barquette en aluminium... Le métal peut créer des arcs électriques et endommager sérieusement votre four à micro-ondes.

Tous les plats en terre cuite sont également à éviter car ils absorbent les micro-ondes et allongent ainsi le temps de cuisson ou de réchauffage. Pour savoir si votre plat passe au four à micro-ondes, faites le test suivant : placez-le dans votre four avec de l'eau (l'équivalent d'un verre) à la puissance maximale pendant 1 min. Si votre plat est chaud alors que l'eau est froide, n'utilisez pas ce plat.

En général, ce sont les boîtes en plastique qui sont le plus souvent utilisées. Or tous les plastiques ne vont pas au four à micro-ondes (certains pourraient fondre ou se déformer sous l'effet de la chaleur de l'aliment). Vous devez donc toujours vérifier que votre boîte en plastique peut passer au four à micro-ondes, ceci est indiqué sur le fond de la boîte par un pictogramme. Ensuite nous avons vu que différents composés du plastique posaient problème : les phtalates (page 70) et le bisphénol A (page 66). La question est de savoir quel est le risque de migration dans les aliments des phtalates des films alimentaires et du PVC ou du bisphénol A du polycarbonate et du PVC ? D'après le *Smart Plastics Guide*, mieux vaut utiliser chaque fois que cela est possible d'autres contenants que des boîtes en plastique. Etant donné les nombreuses inquiétudes suscitées par les phtalates et le bisphénol A, c'est également notre conseil.

La mélamine

La mélamine est utilisée pour la fabrication des gobelets, des tasses et des assiettes notamment pour les enfants. Ces ustensiles ne doivent pas être mis au four à micro-ondes pour ne pas provoquer la migration du matériau de base dans les aliments. Nous avons toujours tous en tête le scandale du lait chinois contaminé par cette substance...

QU'EST-CE QUE LE PYREX ?

Pyrex est tout d'abord une marque d'ustensiles de cuisine dont le nom est largement passé dans le langage courant. Le pyrex est un verre borosilicate présentant un faible coefficient de dilatation thermique, ce qui lui confère une bonne résistance à la chaleur. Il s'utilise au four à micro-ondes et dans les fours traditionnels et présente l'avantage de ne garder aucune odeur. En revanche, sachez qu'il ne faut surtout pas jeter vos vieux plats en pyrex dans le verre ordinaire : ils ne sont pas recyclables ! En effet, leur point de fusion est plus élevé que celui du verre ordinaire.

← Pour les autres fours que les fours à micro-ondes

Nous déconseillons l'utilisation des plats en aluminium (notamment les barquettes en aluminium) car, nous l'avons déjà évoqué, l'aluminium passe dans les aliments. Notamment si vous consommez un plat « acide », à base de sauce tomate par exemple.

- Il existe évidemment de nombreux plats à revêtement **antiadhésif**. Chacun, en fonction des connaissances actuelles (lire pages 72 et 104), fera son propre choix. Quoi qu'il en soit, la règle à respecter est de privilégier les plats de bonne qualité et de les jeter dès qu'ils sont rayés.
- Les plats en **céramique**, qui sont émaillés, comme pour les cocottes évoquées précédemment, présentent l'avantage de résister à la chaleur et d'être faciles à nettoyer. Nous vous déconseillons d'acheter des plats en céramique lors de voyages ou chez des marchands ambulants car les teneurs en plomb de l'émail ne sont pas forcément contrôlées. Certaines marques, c'est le cas chez Émile Henry, étudient le transfert

des métaux depuis leur céramique vers les aliments et garantissent que les teneurs en plomb et en cadmium sont bien en deçà des limites autorisées. Ces contrôles sont rassurants pour le consommateur et doivent nous permettre de profiter de ces ustensiles en céramique dont les propriétés en font des plats adaptés à une utilisation quotidienne. Leur esthétique est un atout supplémentaire.

- Le **pyrex** est là aussi une bonne alternative. Mais il faut savoir qu'un plat en verre conduit moins bien la chaleur qu'un plat équivalent en métal. Ces plats sont résistants mais pas incassables ! Vous trouverez toutes sortes de plats en pyrex : carrés, ronds, ovales, des moules à tartes, à gâteaux, des cocottes… Mais pour l'esthétique rien de vraiment original !

RÖMERTOPF ET BAECKEOFFE

Les ustensiles Römertopf permettent une cuisson naturelle dans l'argile presque sans aucune matière grasse. Les mets cuisent à l'étouffée, les vitamines et les minéraux restent donc dans le jus. Quelques précautions sont cependant nécessaires : tout d'abord, le Römertopf étant poreux, il faut le faire tremper environ quinze minutes dans l'eau froide afin qu'il emmagasine de l'eau qui sera ensuite restituée aux aliments au cours de la cuisson. Les plats restent ainsi juteux et cette façon de cuisiner est plutôt favorable à une cuisine sans produits de Maillard ! Enfin sachez que le Römertopf doit être placé dans un four froid.

La terrine à Baeckeoffe – qui elle est vernie –, ne nécessite pas d'être trempée avant chaque utilisation, ceci est même contre-indiqué si l'argile utilisée est de la véritable terre de Soufflenheim. En revanche il est recommandé de graisser les parois de votre terrine avant la première utilisation en faisant cuire du lait à l'intérieur par exemple.

Baeckeoffe quèsaco ?

Le Baeckeoffe est un plat complet alsacien à base de viandes, d'oignons, de carottes, de pommes de terre et d'herbes, le tout mouillé de vin blanc cuisant longuement dans une grande terrine. À l'origine, c'est dans le four du boulanger (*bäcker* = boulanger) que cuisait (*offe* = cuire) ce plat. Le Baeckeoffe évoque également le nom de la terrine qui est en argile.

Faites LE BON CHOIX

- Pour cuire ou réchauffer un aliment au four à micro-ondes, préférez aux boîtes en plastique les plats en pyrex qui sont inertes.
- Pour la cuisson au four traditionnel, les plats en céramique et les plats en pyrex sont appropriés, les premiers ayant un atout esthétique supplémentaire.

Le barbecue

La cuisson au barbecue est véritablement la cuisson des mois d'été. On a l'impression de manger sain parce que ce mode de cuisson ne nécessite pas de matière grasse. Mais s'il est vrai que le barbecue peut permettre de cuisiner de façon « diététique », il est surtout générateur de produits cancérigènes dont la consommation est à éviter.

Ces produits cancérigènes sont les amines hétérocycliques et les hydrocarbures aromatiques polycycliques. C'est la carbonisation des graisses et le contact avec les fumées issues de la combustion du bois qui sont responsables de la formation de tels composés. Pour éviter leur formation, il existe quelques trucs efficaces : tout d'abord, faites mariner vos viandes avant leur cuisson au barbecue, cela diminuera la formation d'amines hétérocycliques au cours de la cuisson. Vous pouvez également commencer la cuisson de vos viandes au four à micro-ondes, cela permet d'éliminer le jus de viande et de diminuer leur temps de passage sur la grille du barbecue.

Il existe plusieurs types de barbecue :

- les barbecues qui nécessitent la combustion de charbon de bois ou de bois pour cuire les aliments par l'intermédiaire de braises. Le bois donne aux aliments une saveur particulière qui peut varier en fonction du bois utilisé ;
- les barbecues à gaz qui fonctionnent au butane et au propane ; la cuisson se fait soit sur une plaque de fonte soit par l'intermédiaire de pierres réfractaires ;
- les barbecues électriques qui permettent la cuisson des aliments grâce à une résistance qui fournit la chaleur. Ils présentent l'avantage d'être utilisables à l'intérieur comme à l'extérieur.

L'utilisation d'un barbecue vertical permet d'éviter la combustion des graisses puisque celles-ci ne tombent pas sur les braises. C'est donc un mode de cuisson plus sain.

Légumes et épices à volonté

Lorsque vous mangez de la viande rouge cuite au barbecue prenez l'habitude de l'accompagner de légumes riches en antioxydants, ils vont « contrer » les substances cancérigènes qui peuvent être présentes sur la viande grillée. De la même façon, les épices et notamment le romarin ont des propriétés antioxydantes qui diminuent la concentration en substances cancérigènes dans la viande cuite au barbecue. N'hésitez pas à en consommer, elles parfument agréablement vos aliments et sont bonnes pour votre santé !

La cuisson à la plancha

La plancha est une technique de cuisson espagnole qui consiste à faire griller rapidement des aliments avec très peu de matière grasse sur une plaque en aluminium, en acier émaillé, en acier au carbone laminé, en fonte ou encore en inox.

●●● L'avantage de la plancha c'est que les aliments ne sont jamais en contact avec les flammes. La plancha cuit à des températures très élevées et donne un goût caramélisé aux aliments, ce qui explique que ce mode de cuisson soit très apprécié. Une bonne plancha doit posséder deux caractéristiques essentielles : une montée en température rapide et une bonne répartition de la chaleur sur la plaque. De plus, il est important que la plancha conserve sa température élevée (autour de 300 °C) lors de la cuisson des aliments. Enfin, l'épaisseur de la plaque de la plancha a une influence très importante sur la répartition de la chaleur et il faut privilégier les plaques épaisses qui répartiront mieux la chaleur. Les planchas peuvent être électriques ou à gaz.

Alors quelle plancha choisir ? Tout dépend de l'usage que l'on veut en faire. On trouve dans le commerce principalement quatre types de plancha :

- la plancha en fonte ;
- la plancha en « inox » ;
- la plancha acier dit au carbone laminé ;
- la plancha acier émaillé.

Les planchas en fonte

La fonte rouille et n'est pas une surface lisse, ce qui peut poser des problèmes pour le nettoyage. La fonte émaillée permet de s'affranchir de ces inconvénients mais l'émail est fragile et peut éclater avec les chocs et les ustensiles en métal sont à éviter. En revanche, la fonte est bon marché et il existe des planchas en fonte qui s'utilisent sur les brûleurs à gaz de la table de cuisson. Alors, si vous souhaitez en faire un usage occasionnel, vous pouvez choisir la fonte émaillée.

Les planchas en acier au carbone laminé

Ce sont les plus répandues car elles représentent un excellent compromis entre qualité et coût. L'acier est un alliage métallique qui est constitué de deux éléments : le fer et le carbone. Le pourcentage en carbone (de l'ordre de 1 à 1,5 %) va augmenter la résistance de l'alliage. Ces plaques auront donc une bonne résistance aux rayures. Les moyens de production et le coût de la matière première n'étant pas excessifs, il est possible de trouver ces plaques à des tarifs avantageux.

L'avantage de l'acier au carbone c'est qu'il permet une bonne répartition de la chaleur. Son inconvénient, c'est qu'il s'oxyde… Et ceci d'autant plus qu'il n'est pas utilisé. Le respect des consignes d'entretien devrait permettre de contourner le problème.

Les planchas en « inox »

Avec l'inox, pas de problème de corrosion. Il existe deux types de planchas en « inox » qui ne donneront pas les mêmes résultats. Soit une fine couche à base de chrome est déposée sur l'acier, on parle d'acier chromé, soit le chrome fait partie intégrante de l'alliage (avec du nickel également), c'est ce que nous appelons en général l'inox.

L'acier chromé permet une bonne répartition de la chaleur, ce qui est essentiel dans la cuisson à la plancha. Ce n'est pas le cas, en revanche, de la plancha inox « standard ».

Le premier avantage d'une plancha inox est sa facilité d'entretien. L'inox répond aux critères les plus exigeants en matière d'hygiène alimentaire et c'est pour cela que les professionnels le choisissent très souvent.

Le deuxième avantage d'une plancha inox vient de sa grande résistance aux rayures.

L'inconvénient de l'inox est son prix, et là, tout dépend du budget que vous voulez consacrer à votre plancha.

Gaz ou électricité ?

Entre gaz et électricité, mieux vaut choisir le gaz. En effet, lui seul peut garantir à la fois une montée en température rapide et une température suffisamment élevée pour permettre de cuire les aliments à la plancha (au moins 300 °C). Et seul le gaz vous permettra de maintenir la température lorsque vous déposerez les aliments en quantité sur la plaque. Alors effectivement les modèles électriques pour une utilisation en intérieur ont un aspect convivial

au centre de la table mais ils ne permettent pas de maintenir une température suffisamment élevée garante du mode de cuisson dit à la plancha.

← La plancha en acier émaillé

La plaque d'acier est recouverte d'émail afin de la protéger contre l'oxydation. La surface de la plancha est alors rigoureusement lisse et ne présente donc aucun défaut qui pourrait provoquer l'adhérence des aliments. Ces avantages ont leurs petits inconvénients. Ces planchas sont généralement un peu plus coûteuses et surtout beaucoup plus fragiles à l'entretien.

Faites LE BON CHOIX

- En dehors de toute considération financière, nous conseillons les planchas en acier chromé, plus faciles d'entretien.
- Si vous êtes prêts à accepter des contraintes d'entretien plus importantes, l'acier au carbone laminé est également un très bon choix.

Le gros électroménager

Parmi les ustensiles de cuisson, il faut également penser à ce que nous appelons communément le « gros électroménager », à savoir les fours et les plaques de cuisson. Notre choix est parfois dicté par l'installation de la maison (arrivée de gaz par exemple) mais surtout par des contraintes budgétaires car, dans ce domaine, les prix ne sont pas équivalents.

Les tables de cuisson

Les plaques au gaz et les plaques électriques coûtent environ le même prix. Pour une centaine d'euros, vous pouvez trouver une table de cuisson avec quatre foyers gaz ou quatre plaques électriques. Le gaz présente l'avantage de « répondre » plus rapidement pour le contrôle de la température alors que les plaques électriques sont plus lentes. En revanche, les plaques électriques ne nécessitent qu'une installation électrique alors qu'une arrivée de gaz est nécessaire pour les gazinières. En ce qui concerne le gaz, nous vous conseillons de choisir une table de cuisson possédant un système de sécurité par thermocouple qui permet de couper l'arrivée de gaz en cas d'extinction accidentelle de la flamme.

Avec une plaque de cuisson électrique, vous pouvez mieux régler la température. En revanche, elles se réchauffent et se refroidissent moins vite. Attention donc aux risques de brûlures, car il est impossible de voir si une plaque est chaude.

LES PLAQUES EN VITROCÉRAMIQUE

Si vous souhaitez des plaques de cuisson plus esthétiques et plus modernes, vous pouvez opter pour les surfaces en vitrocéramique.

Outre l'esthétique, elles présentent l'avantage d'être plus faciles d'entretien grâce à leur surface plane. Plusieurs sources de chaleur existent : électriques, halogène ou induction. Il existe même des plaques vitrocéramiques qui fonctionnent au gaz.

- **Les plaques vitrocéramiques électriques** fonctionnent avec des spirales incandescentes circulaires, comparables aux plaques de cuisson traditionnelles avec plaques en métal. Mais les spirales ne chauffent pas très rapidement, ce qui constitue l'inconvénient majeur.
- **Les plaques à halogène** fonctionnent grâce à des lampes à halogène qui arrivent très rapidement à la température souhaitée. Les plaques à halogène s'allument et s'éteignent continuellement parce que le verre ne supporte pas de trop fortes températures ; c'est un système peu avantageux pour un processus de cuisson continu.

Les plaques à induction fonctionnent grâce à un champ magnétique qui génère de la chaleur. C'est un système de cuisson très sûr : les plaques fonctionnent uniquement s'il y a une casserole ou une poêle posée dessus. En outre, le temps de refroidissement de la plaque est très court. De la même façon, la température souhaitée est atteinte très rapidement et le contrôle de la température est très efficace.

Le seul inconvénient : les ustensiles de cuisson doivent posséder du fer. Avant, il fallait souvent changer toute sa batterie de cuisine lorsque l'on passait à l'induction. Désormais, beaucoup d'ustensiles sont compatibles tous feux. À noter que l'aluminium ne fonctionne pas sur ces plaques…

Citons le dernier inconvénient : le prix. Les plaques à induction sont certainement les plus chères sur le marché mais elles ont tendance à moins consommer d'énergie, ce qui, au final, permet de s'y retrouver.

Plaque à induction = danger ?

Les champs magnétiques qui fournissent l'énergie thermique nécessaire à la cuisson pénètrent le fond de la casserole et y produisent des courants électriques qui chauffent la casserole et son contenu. Une partie des champs magnétiques n'est pas absorbée par la casserole, de sorte que des champs magnétiques peuvent se propager autour de la cuisinière. On ne sait pas si les champs magnétiques d'une cuisinière à induction représentent un danger pour la santé. Les champs magnétiques peuvent être réduits par une utilisation appropriée de la cuisinière à induction :

- toujours utiliser des ustensiles d'un diamètre suffisant par rapport à la plaque ;
- se tenir éloigné d'environ 20 cm de la cuisinière.

← Les fours

Le choix d'un four dépend essentiellement de l'usage que l'on souhaite en avoir, de la place dont on dispose et du budget qu'on veut y consacrer.

Aujourd'hui, la majorité des fours proposés est électrique. Les fours à gaz ne représentent qu'une faible partie de l'offre.

Les critères de choix lorsqu'on doit acheter un four sont essentiellement :

- le système de chauffe (convection naturelle ou chaleur tournante),
- le système de nettoyage (pyrolyse ou catalyse),
- le degré de sophistication voulu (programmes de cuisson préenregistrés, booster pour la chauffe du four...).

LA CONVECTION NATURELLE

Les fours à convection naturelle chauffent grâce à des résistances situées en haut et en bas de l'appareil. Le fonctionnement de ces fours est simple, il n'a pas évolué depuis de nombreuses années. La puissance de chauffe est élevée mais il n'est possible de faire cuire qu'un seul plat à la fois, la cuisson ne pouvant se faire que sur un seul niveau. Autre inconvénient : le temps de préchauffage est long. Les fours à convection naturelle ne représentent qu'une petite partie de l'offre en matière de fours et leur prix augmente s'ils possèdent un système de nettoyage (catalyse ou pyrolyse).

LA CHALEUR TOURNANTE

Dans le four à chaleur tournante, la chaleur circule dans tout le four grâce à un ventilateur situé au fond de l'appareil.

Il existe deux types de chaleur tournante :

- la chaleur brassée : les résistances du haut et du bas du four fonctionnent et le ventilateur brasse l'air ;
- la chaleur pulsée : il y a une résistance de forme circulaire sur le fond de la paroi.

Il est possible de faire cuire deux plats en même temps dans un four à chaleur tournante et le temps de préchauffage est plus court que dans un four à convection naturelle. Certains fours à chaleur tournante sont même équipés d'une fonction qui permet de réduire considérablement le temps de préchauffage.

L'inconvénient de ce type de four est le bruit du ventilateur qui peut s'avérer dérangeant. Aujourd'hui, la quasi-totalité des fours possède le mode convection naturelle et la chaleur tournante.

LA VAPEUR

Les fours à vapeur comportent un réservoir d'eau et un générateur de vapeur.

Il existe trois types de four à vapeur :

Nettoyage : catalyse ou pyrolyse ?

Les parois des fours qui possèdent le système de nettoyage par **catalyse** sont constituées d'un émail poreux qui absorbe les graisses à partir de 200 °C. Le nettoyage se fait donc pendant la cuisson à condition, bien sûr, que la température soit assez élevée (200 °C). Ce système ne permet de dégraisser que les parois et il faut donc nettoyer la vitre et les grilles. De plus, le sucre a tendance à s'incruster dans les pores et à diminuer l'efficacité du système de nettoyage. Dans un système de nettoyage par **pyrolyse**, la température du four atteint les 500 °C ce qui réduit les saletés en cendres. Il ne reste plus qu'à passer une éponge pour nettoyer. La pyrolyse est plus efficace que la catalyse – elle augmente donc la durée de vie du four – mais elle augmente le prix d'achat, est consommatrice d'énergie et dure deux heures.

- le four à vapeur basse pression (de 40 à 100 °C) : c'est le plus vendu et le moins cher, il permet de cuire légumes et poissons ;
- le four à vapeur haute pression : la température est supérieure à 100 °C donc il convient pour les aliments qui supportent bien la chaleur ;
- le four à vapeur sèche : plutôt utilisé par les professionnels pour garder des plats à température sans consommer trop d'énergie.

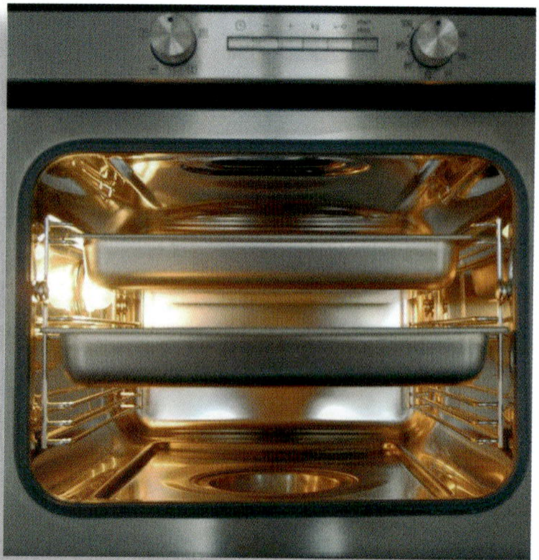

Le four à vapeur permet de conserver les vitamines et les minéraux des aliments. C'est le four idéal pour une cuisson diététique sans ajout de matières grasses. Il permet de cuire, de réchauffer sans dessécher, de décongeler, de stériliser les biberons, ou encore de peler les légumes ou les fruits comme les tomates. On peut également cuire plusieurs plats en même temps puisque le four à vapeur possède plusieurs étages.

Son principal inconvénient : son prix, pas moins de 700 euros (et jusqu'à 1 800 euros !), pour un four qui ne peut pas remplacer un four traditionnel capable de gratiner ou de rôtir. À moins, bien sûr, que vous choisissiez le four combiné vapeur qui regroupe deux fonctions : la cuisson vapeur et la chaleur tournante. Grâce à l'action simultanée des deux modes de cuisson, vous obtiendrez des plats dorés mais pas secs. Et vos cuissons seront un peu plus rapides qu'avec la chaleur tournante uniquement. Les prix sont extrêmement variés selon les fonctions de l'appareil et parfois aussi selon la notoriété de la marque. Tout dépend donc de votre budget : la fourchette varie globalement entre 1 000 et 4 500 euros !

Sachez enfin que les fours vapeur comportent généralement un réservoir d'eau qu'il faut remplir avant l'utilisation de la fonction vapeur. Cela dit, certains fours peuvent également être raccordés directement à une arrivée d'eau (comme un lave-vaisselle).

LES MICRO-ONDES

Dans un four à micro-ondes, les ondes électromagnétiques générées par le four sont absorbées par les molécules de l'aliment, essentiellement les molécules d'eau, provoquant une agitation moléculaire qui dégage de la chaleur au cœur de l'aliment. À l'inverse, la cuisson traditionnelle cuit d'abord l'extérieur et puis progressivement l'intérieur – la cuisson complète de l'intérieur nécessitant une sur-cuisson de l'extérieur. Il arrive souvent, lorsque l'on cuit ou que l'on réchauffe un aliment au four à micro-ondes, que l'on ait des parties chaudes et des parties froides. Ceci s'explique par le fait que la propagation des ondes électromagnétiques diffère selon la structure moléculaire de l'aliment. Or, si la structure est hétérogène, la cuisson ou le réchauffage ne se fait pas partout de la même manière. C'est un des inconvénients de ce type d'appareils. Les zones de surchauffe que l'on retrouve dans les aliments sont responsables de la dégradation des nutriments sensibles à la chaleur comme la vitamine C et les folates. En revanche, le four à micro-ondes – dans lequel l'air reste à température ambiante – est plus intéressant que le four traditionnel ou la poêle concernant la formation des produits de Maillard.

Autre avantage du four à micro-ondes : il peut réchauffer rapidement un plat, qu'il soit surgelé ou non. Mais, même si certains modèles sont équipés de programmes de cuisson des aliments, le résultat n'est pas d'aussi bonne qualité qu'avec d'autres modes de cuisson. De plus, un four à micro-ondes ne permet pas de gratiner ou de rôtir. Il existe cependant des modèles qui possèdent une fonction gril.

Chauffer l'aliment et pas le plat

Pour réchauffer rapidement au micro-ondes, choisissez le bon contenant ! Il vous est peut-être déjà arrivé de vous brûler les mains sur un plat que vous sortiez de votre four à micro-ondes alors que les aliments étaient eux, à peine réchauffés. Et bien ceci est dû à la composition de votre contenant qui absorbe les micro-ondes au détriment de vos aliments qui au final mettent plus longtemps à chauffer.

La puissance d'un four à micro-ondes peut aller de 700 W à 1 000 W.

À noter que l'on trouve également sur le marché des fours combinés : ils regroupent les fonctions micro-ondes, chaleur tournante et gril. Ils sont par conséquent plus chers.

Voici des fourchettes de prix indicatives.

- Fours à micro-ondes à poser : 50 à 200 euros
- Fours à micro-ondes encastrables : 250 à 750 euros
- Four à micro-ondes combinés : 100 à 600 euros
- Four à micro-ondes combinés encastrables : 750 à 1 000 euros

En bref, avant de faire votre choix, le tableau ci-contre regroupe les avantages et les inconvénients de chaque type de four.

TYPE DE FOURS	AVANTAGES	INCONVÉNIENTS
Four à chaleur tournante	Cuisson homogène Temps de préchauffage courts Temps de cuisson réduits Plusieurs niveaux de cuisson	Ventilateur bruyant
Four à convection naturelle	Très simple d'utilisation	Temps de préchauffage longs Un seul niveau de cuisson
Four à vapeur	Cuisine saine et diététique	Ne permet pas de gratiner et de rôtir (ne remplace pas un four « classique ») Le prix élevé
Four à micro-ondes	Parfait pour réchauffer un plat	Sans une fonction gril, il ne permet pas de gratiner Pas idéal pour certaines cuissons

Faites LE BON CHOIX

- Si vous respectez les consignes citées dans l'encadré page 147, nous vous conseillons les plaques à induction pour la maîtrise de la cuisson et leur côté pratique notamment en ce qui concerne le nettoyage et l'entretien.
- Le four combiné vapeur est séduisant mais son prix peut atteindre des niveaux prohibitifs. Peut-être faut-il attendre qu'il se démocratise...

Conclusion

Une vision étendue de l'alimentation saine

Dans ce livre, nous vous avons proposé pour la première fois une vision étendue de l'alimentation saine. Car manger sainement, c'est prendre en compte un ensemble de facteurs qui influent de façon plus ou moins importante sur notre santé.

On connaît tous l'importance de **bien choisir ses aliments** (manger beaucoup de fruits et légumes, peu de graisses saturées, etc.), on connaît moins le rôle capital de **la façon de les cuisiner**. Or la façon de conserver, de préparer et cuire un aliment est aussi importante que l'aliment lui-même.

Longtemps, bien se nourrir a consisté à contrôler le nombre de calories et éviter au maximum les graisses, presque autant d'ailleurs dans un but esthétique – pour mincir et rester mince – que dans un but de santé – prévenir les maladies cardio-vasculaires, le cancer, le diabète…

Aujourd'hui, les recommandations nutritionnelles pleuvent de toute part. Chez le médecin, à la télé, à la radio, dans les magazines : *Mangez 5 fruits et légumes par jour… Mangez moins gras, moins salé, moins sucré…* C'est un bon début mais c'est incomplet. Ce n'est pas suffisant.

← Manger sainement c'est prendre soin de l'aliment à chaque étape

Manger sainement c'est évidemment consommer des aliments de bonne qualité capables de nous fournir les nutriments dont nous avons besoin (protéines, acides gras, vitamines et minéraux). Il faut alors être assuré de leur provenance et de leur fraîcheur mais également **tout mettre en œuvre pour leur assurer une bonne conservation** avant consommation.

Manger sainement c'est aussi choisir **un mode de cuisson adapté** qui permet de conserver tous les bienfaits des aliments (limiter la perte des vitamines, minéraux, ne pas altérer la qualité des protéines et des acides gras…) et qui surtout ne conduit pas à la formation de composés néoformés potentiellement toxiques que sont les produits de Maillard.

← Apprendre à manger autrement

La cuisine à la vapeur est certainement le mode de cuisson le plus sain mais pour celui ou celle qui n'en a pas l'habitude, ce mode de cuisson a de quoi contrarier quelque peu les papilles. Adieu le « grillé », le « doré », le « frit » qui malheureusement sont les saveurs les plus appréciées ! Il faut alors apprendre à manger autrement.

- Apprendre à jongler avec les épices et les aromates afin de rehausser ses plats et que leurs multiples parfums prennent peu à peu la place du goût du « grillé » ou du « frit ».
- Un point important est de cuire « juste ce qu'il faut » avec les bons ustensiles. Là encore, difficile de bousculer les habitudes. Quand nous avons été éduqués à la poêle Tefal, il n'est pas simple de se mettre

N'ayez pas peur du gras !

On a beaucoup exagéré ces dernières années les inconvénients des graisses. Avec 9 calories (kcal) par gramme, les graisses sont bourrées d'énergie. Montrées du doigt, elles sont devenues la hantise du plus grand nombre et plus seulement de ceux qui veulent perdre du poids. Or il n'est pas prouvé que l'on maigrit en mangeant moins gras. De plus, en traquant les graisses et en cherchant à les éliminer de notre alimentation, on a créé des déséquilibres lourds de conséquence (trop d'oméga-6 et pas assez d'oméga-3). Retenez que pour la santé, ce n'est pas tant la quantité de graisses ingérées qui est importante que la nature de ces graisses. Les huiles d'olive et de colza sont **recommandées pour votre santé**. Pour en savoir plus, lire *La meilleure façon de manger* paru à ces mêmes éditions.

aux poêles sans aucun revêtement comme l'inox par exemple. Parce qu'évidemment au départ, ça accroche. Mais c'est une question d'habitude, un simple coup de main à prendre pour cuisiner autrement.

← Limiter les sources de toxicité

Dans ce livre, nous vous avons donné des conseils très concrets sur le choix de vos ustensiles. Il en existe une multitude, les fabricants regorgeant d'idées pour d'une part faciliter la vie du consommateur qui souhaite souvent que « ça aille vite » et d'autre part, pour lui permettre de conserver au mieux les qualités nutritionnelles de ses aliments. C'est évidemment un point important mais il faut aussi que l'ustensile de cuisine ne soit pas une source de contamination supplémentaire. Pour cela, nous vous conseillons d'éviter les matériaux « suspects » comme les plastiques, l'aluminium, les revêtements antiadhésifs. Car notre choix à nous est de ne manger que les aliments, pas les ustensiles ou les contenants !

GLOSSAIRE

A

• **Acide aminé :** ce sont les constituants des protéines (une protéine est une longue chaîne d'acides aminés).Il existe 20 acides aminés dont 8 sont dits « essentiels » c'est-à-dire qu'ils doivent impérativement être apportés par l'alimentation car l'organisme est incapable de les fabriquer.

• **Acides gras :** ce sont les constituants des graisses. Il existe 3 familles d'acides gras qui se distinguent par leur forme (nombre d'atomes de carbone et présence ou non de doubles liaisons) :

- **les acides gras saturés :** beurre, saindoux (graisses solides à température ambiante, molécules rectilignes et rigides),
- **les acides gras mono-insaturés :** huile d'olive, huile de colza (graisses liquides à température ambiante, solides au réfrigérateur, molécules avec une courbure),
- **les acides gras polyinsaturés :** huile de tournesol, maïs, pépins de raisin (graisses liquides au réfrigérateur, molécules incurvées et très souples).

• **Acrylamide :** composé se formant à haute température dans les aliments riches en glucides et qui est considéré comme cancérigène et neurotoxique.

• **AGE :** *Advanced Glycated End products*, substances issues de la réaction de Maillard dont certaines posent des problèmes de sécurité alimentaire.

• **Amines hétérocycliques :** composés se formant durant la cuisson des viandes et des poissons et qui sont suspectés de jouer un rôle dans le développement de certains cancers.

• **Antioxydant :** molécule qui empêche l'oxydation de certaines substances chimiques, limitant ainsi la production de radicaux libres.

• **Appertisation :** procédé de conservation qui consiste à stériliser par la chaleur des aliments (conserves).

Athérosclérose : nom donné à un processus pathologique de la paroi des artères qui peut conduire à l'obstruction des artères.

B

- **Bisphénol A :** monomère utilisé pour la fabrication industrielle, par polymérisation, de plastiques durs transparents.

C

- **Carboxyméthyllysine :** substance pro-oxydante reconnue par les cellules et capable de provoquer des réactions inflammatoires.
- **Catalyse :** action d'une substance appelée catalyseur sur une transformation chimique dans le but d'accélérer sa vitesse de réaction. Certains fours s'auto-nettoient par catalyse. Les parois de ces fours sont revêtues d'un émail spécial comportant un catalyseur (un corps qui augmente la vitesse d'une réaction).Ces parois, à l'aspect poreux, absorbent les graisses projetées en cours de cuisson et les détruisent par oxydation.
- **Convection :** mode de chauffage qui implique un déplacement de la matière dans le milieu. Par exemple, en chauffant de l'eau dans une casserole, l'eau chaude étant plus légère que l'eau froide et le chauffage se faisant par le fond, l'eau chaude à tendance à monter et à se refroidir en surface et donc à redescendre créant ainsi des mouvements de convection.

E

- **Enzymes :** ce sont des protéines qui ont pour rôle de catalyser les réactions biochimiques (réactions au sein de l'organisme). Par exemple : la pepsine est une enzyme sécrétée par l'estomac. Elle décompose les protéines qui sont de très grosses molécules en morceaux plus petits (peptides).

G

- **Génotoxique :** substance qui favorise les mutations au niveau de l'ADN (support de l'information génétique).

H

- **Hydrocarbures aromatiques polycycliques (HAP) :** composés se formant pendant la cuisson des aliments notamment lorsqu'ils sont grillés. Les HAP ont des effets cancérigènes et génotoxiques.
- **Hydrolyse :** opération biochimique qui mène à la dissociation d'une molécule en différents constituants par la fixation d'eau à l'endroit approprié.

I

- **Index glycémique (IG) :** index qui caractérise la vitesse à laquelle les glucides que nous ingérons font monter le taux de glucose dans le sang. Les glucides qui font monter rapidement la glycémie ont un IG élevé (IG>70). Ceux qui ont peu d'influence sur la glycémie ont un IG bas (IG<55).
- **Inox :** nom déposé, acier inoxydable.

M

- **Métabolisme :** ensemble des réactions de transformation de la matière et de l'énergie qui ont lieu dans le corps.

N

- **Nitrites :** conservateurs utilisés en charcuterie pour éviter la prolifération de micro-organismes (code E250).
- **Nitrosamines :** substances potentiellement cancérigènes issues de la réaction entre des nitrites et des acides aminés dans certaines conditions (acidité, chaleur, présence de protéines).

O

- **Oxydation :** en biochimie, combinaison d'un corps avec l'oxygène (accompagnée le plus souvent d'une perte d'hydrogène). En chimie, réaction qui se traduit par une perte d'électrons.
- **Oxyphytostérols :** produits obtenus par oxydation des phytostérols.

P

- **Peroxydation lipidique :** réaction d'oxydation des lipides.
- **Phtalates :** plastifiants, c'est-à-dire des substances qui, ajoutées à une matière, plastique, génèrent un produit flexible, résistant et plus facile à manipuler.
- **Phytostérols :** stérols végétaux naturellement présents dans les plantes et dont la structure moléculaire s'apparente à celle du cholestérol. Ils sont présents dans les germes de blé ou de soja, les huiles végétales telles que l'huile de graines de tournesol ou de maïs.
- **Polymérisation :** assemblage de plusieurs molécules identiques afin d'en former une plus grosse.
- **Polyphénols :** ensemble de molécules trouvées dans les végétaux ayant un fort pouvoir antioxydant (polyphénols du thé, café, chocolat...).
- **Pyrolyse :** décomposition chimique obtenue uniquement par la chaleur.

R

- **Radicaux libres :** espèces chimiques très instables en raison de leur structure qui comprend un électron célibataire cherchant à s'apparier en attaquant et en endommageant les molécules voisines. Les radicaux libres sont impliqués dans le vieillissement.
- **Réaction de Maillard :** réaction chimique entre un sucre et un acide aminé (constituant des protéines), accélérée par la chaleur.
- **Résines fluorocarbonées :** dont le Teflon (ou polytetrafluoroéthylène ou PTFE), utilisées comme revêtement anti-adhésif des poêles ou autres ustensiles de cuisine.

T

- **Teflon :** nom déposé, matière plastique résistant à la chaleur et à la corrosion.

RÉFÉRENCES ET NOTES

SITES

- www.hc-sc.gc.ca
Site de Santé Canada

- www.fda.gov
Site de la FDA (Food and Drug Administration) aux États-Unis

- www.chemicalsubstanceschimiques.gc.ca
Site informatif sur les substances chimiques du gouvernement du Canada

- www.10parjour.net
Nouvelle adresse : www.fraichattitude.com
Site de la Fraîch'attitude, réalisé par Interfel (Interprofession de la filière des fruits et légumes frais)

- www.lanutrition.fr
Site informatif pour le grand public et les professionnels de santé, dans les domaines de la nutrition, de la prévention du vieillissement et de la santé

- www.cancer.be
Site de la fondation contre le cancer dont la mission est de favoriser et de développer la lutte contre le cancer

- www.pv.qc.ca
Véritable adresse : www.protegez-vous.ca
Site informatif Canadien destiné aux consommateurs

- www.pasteur.fr
Site de l'Institut Pasteur dont la mission est de contribuer à la prévention et au traitement des maladies, en priorité infectieuses

- www.invs.sante.fr
Site de l'Institut de veille sanitaire qui réunit les missions de surveillance, de vigilance et d'alerte dans tous les domaines de la santé publique

- www.misterplancha.com
Site informatif sur les planchas

- www.amsol.asso.fr
Site d'Oléosem, syndicat professionnel des semenciers de plantes oléoprotéagineuses.

- www.aprifel.com
Site de l'Agence fruits et légumes frais qui a pour mission de délivrer une information approfondie et actualisée sur les fruits et légumes frais et leurs effets sur la santé, auprès des professionnels de la santé

DOCUMENTS

- Interview Paul Talalay « King of brocoli », propos recueillis par Thierry Souccar.

- Avis de l'Agence Française de Sécurité sanitaire des aliments relatif aux risques potentiels pour la santé humaine lies à la présence résiduelle d'acide perfluorooctanoïque (PFOA) dans les revêtements antiadhésifs des ustensiles de cuisson dans les aliments – Saisine N°2007-SA-0391, page 1 à 13.

PUBLICATIONS

- M. Jimenez-Monreal, L. Garcia-Diz, M. Martinez-Tomé, M. Mariscal and M. A. Murcia. *Influence of cooking methods on antioxydant activity of vegetables*. Journal of Food Science, vol 4, Nr. 3, 2009.

- K. Dewettinck, K. Anthierens, D. Verbeken, J. Van Camp, A. Huyghebaert. *Étude bibliographique sur les bénéfices nutritionnels des légumes prêts à l'emploi*. Viniflhor.

- M. Vermeulen, I.W.A.A. Klopping-Ketelaars, R. van den Berg, W.H.J. Vaes. *Bioavailability and Kinetics of Sulforaphane in Humans after Consumption of Cooked versus Raw Broccoli*. Journal of Agricultural and Food Chemistry, 2008 Nov 26;56(22):10505-9.

- Rungapamestry V, Duncan AJ, Fuller Z, Ratcliffe B. *Effect of meal composition and cooking duration on the fate of sulforaphane following consumption of broccoli by healthy human subjects*. Br J Nutr. 2007 Apr;97(4):644-52.

- Peppa M, Uribarri J, Vlassara H. *The role of advanced glycation end products in the development of atherosclerosis.* Curr Diab Rep. 2004 Feb;4(1):31-6.
- Goldberg T, Cai W, Peppa M, Dardaine V, Baliga BS, Uribarri J, Vlassara H. *Advanced glycoxidation end products in commonly consumed foods.* J Am Diet Assoc. 2005 Apr ; 105(4):647.
- Uribarri J, Cai W, Sandu O, Peppa M, Goldberg T, Vlassara H. *Diet-derived advanced glycation end products are major contributors to the body's AGE pool and induce inflammation in healthy subjects.* Ann N Y Acad Sci. 2005 Jun;1043:461-6.
- Uribarri J, Peppa M, Cai W, Goldberg T, Lu M, He C, Vlassara H. *Restriction of dietary glycotoxins reduces excessive advanced glycation end products in renal failure patients.* J Am Soc Nephrol. 2003 Mar ;14(3):728-31.
- Rohrmann S, Hermann S, Linseisen J. *Heterocyclic aromatic amine intake increases colorectal adenoma risk: findings from a prospective European cohort study.* Am J Clin Nutr. 2009 May ;89(5):1418-24.
- Melo A., Viegas O., Petisca C., Pinho O. and Ferreira IM. *Effect of Beer/Red Wine Marinades on the Formation of Heterocyclic Aromatic Amines in Pan-Fried Beef.* J. Agric. Food Chem., 2008, 56 (22), pp 10625–10632.
- Smith JS, Ameri F, Gadgil P. *Effect of marinades on the formation of heterocyclic amines in grilled beef steaks.* J Food Sci. 2008 Aug ;73(6):T100-5.
- Busquets R, Puignou L, Galceran MT, Skog K. *Effect of red wine marinades on the formation of heterocyclic amines in fried chicken breast.* J Agric Food Chem. 2006 Oct 18 ;54(21):8376-84.

- Birlouez-Aragon I. *La réaction de Maillard dans les aliments : quels enjeux pour la santé humaine ?* Cah. Nutr. Diét., 43, 6, 2008, 289-293

- G. Saavedra, L. Aït-Ameur, F. Tessier, P. Pouillard, K. Sebekova, J-M Lecerf, I. Birlouez-Aragon. *Les produits de Maillard issusde la cuisson ont-ils des effets biologiques ?* NAFAS, fev. 2008, vol. 6, N°1, 59-63.

- Al Viklund G., Olsson K. M., Sjoholm I.M., Skog K. I. *Variety and storage conditions affect the precursor content and amount of acrylamide in potato crisps.* Journal of the science of food and agriculture, 2008, vol. 88, no2, pp. 305-312 .

- Carwile J.L., Luu H.T., Bassett L.S., Driscoll D.A., Yuan C., Chang J.Y., Ye X., Calafat A.M., Michels K.B. *Polycarbonate bottle use and urinary bisphenol A concentrations.* Environ Health Perspect. 2009 Sep;117(9):1368-72.

- Gramiccioni L., Ingrao G., Milana M.R., Santaroni P., Tomassi G. *Aluminium levels in Italian diets and in selected foods from aluminium utensils.* Food Addit Contam. 1996 Oct;13(7):767-74.

- Joensen U.N., Bossi R., Leffers H., Jensen A.A., Skakkebaek N.E., Jørgensen N. *Do perfluoroalkyl compounds impair human semen quality?* Environ Health Perspect. 2009 Jun;117(6):923-7.

- Calafat A.M., Wong L.Y., Kuklenyik Z., Reidy J.A., Needham L.L. *Polyfluoroalkyl chemicals in the U.S. population: data from the National Health and Nutrition Examination Survey (NHANES) 2003-2004 and comparisons with NHANES 1999-2000.* Environ Health Perspect. 2007 Nov;115(11):1596-602.

- Begley T.H., Hsu W., Noonan G., Diachenko G. *Migration of fluorochemical paper additives from food-contact paper into foods and food simulants.* Food Addit Contam Part A Chem Anal Control Expo Risk Assess. 2008 Mar ;25(3):384-90.

- Dewettinck K., Anthierens K., Verbeken D., Van Camp J., Huyghebaert A. *Étude bibliographique sur les bénéfices nutritionnels des légumes prêts à l'emploi.*

- Goldberg T., Cai W., Peppa M., Dardaine V., Baliga B.S., Uribarri J., Vlassara H. *Advanced glycoxidation end products in commonly consumed foods.* J Am Diet Assoc. 2004 Aug ;104(8):1287-91.

- Durand D., Gruffat D., Ortigues-Marty I., Savary-Auzeloux I, Thomas E., Peyron A., Bauchart D. *Impact de différents modes de cuisson de la viande bovine sur les processus de peroxydation lipidique.* 11èmes JSMTV - Clermont Ferrand – 2006.

- Thomas E.,Scislowski V. , Renerre M., Gatellier P., Gladine C, Savary-Auzeloux I., Bauchart D., Durand D. *Effet des antioxydants végétaux sur la peroxydation lipidique de bœuf haché au cours de la conservation.* 11èmes JSMTV - Clermont Ferrand - 2006

DANS LA MÊME COLLECTION